# 成績上位1%が実践している勉強法

教育系インフルエンサー・塾講師
ラオ先生

イースト・プレス

# はじめに

この本を手に取っていただいた中学生の皆さん、並びにその保護者様に向けて、最初に私からお伝えすることがあります。

**偏差値70の高校は、全中学生の上位2.2パーセントです。**

上位2パーセントとは、年収にすると約1300万円、IQだと130超、全国高校野球で例えるならば、出場校（3400チームあまり）ある中の上位70校、という水準です。上位1％というと、そのさらに上ということになります。

生半可な気持ちと努力量では到達することは出来ません。一見すると並の中学生では到達できない「天才の領域である」と誰しもが思うでしょう。

ただ、こと「偏差値」という括りだけでお話をすると、才能は必要なく努力量次第で実現可能な領域であると私は思っています。

現に、中1夏に定期テスト30点台だった生徒が、中3の夏時点で偏差値70以上を叩き出した生徒さんを何人も知っています。

塾講師を10年以上経験されている方であれば、必ず1人は見たことのある数字です。

### なぜそう言い切れるのか？

勉強とは全くの未経験の子達も含まれた「全中学生の中で戦うもの」だからです。

例えば、高校野球では全員経験者で構成される中での70チームとなり、相当壁が高いことがわかりますよね。IQ130以上持っていれば誰でも入れるとされる国際グループ「MENSA」の会員は、その入会テストを「IQを高め合う人達」の中で勝負します。

一方で〝高校受験の勉強〟という競技は、勉強を不得意とする人達も含めた中での勝負になるため、偏差値50（平均学力）のラインはそこまで高くないのです。

本書では偏差値60から70台に位置する首都圏最難関高校・国内屈指の難関校を目指した人たちの学習方法について、教科ごとにわかりやすく○×形式で示しました。

何度もお伝えしますが、上位1％は努力次第で到達できる領域です。「私には才能がないからだめだ」「どうせいくら勉強したって……」などとあきらめないでください。

ぜひ本書を読んでいただき、自分の学習クオリティを上げて、志望校に合格、さらにその先の目標を叶えることを心より望んでおります。

２０２４年７月　ラオ先生

## 第1章 成績上位1%ってなにをしているの？



## 第2章 成績上位がやっている国語の勉強法

## 第3章　成績上位がやっている数学の勉強法



## 第4章　成績上位がやっている英語の勉強法

# 第1章

# 成績上位1％って なにをしているの？

成績上位1%って

なにをしているの？

# 1

# 成績上位者には3タイプいる

成績上位1％にランクインできる人は、次の3つのタイプのいずれかに当てはまる傾向があります。それは、**①自力吸収型 ②努力遂行型 ③天才肌型**です。ここでは、それぞれの特徴を簡単に紹介します。

## どのタイプなら、目指せそう？

自力吸収型の人は、**自分の力で**インプットとアウトプットを繰り返し、成績上位をキープするタイプです。このタイプの人は、YouTubeやスタディサプリなどのオンライン学習サービスを通して知識を能動的に吸収し（インプット）、その知識を駆使して様々な問題を解き（アウトプット）、自分の成績を上げていくことに長けています。

努力遂行型の人は、学校や塾の先生、勉強の先人の教えを素直に聞いて、「やりなさい」と言われたことを100％やり遂げるタイプです。このタイプの人は、「勉強にどれだけ時間を費やしたか」ではなく、「言われたことをできているかどうか」に重きを置いています。

天才肌型の人は、インプットとアウトプットをするときに、ほかの人たちより多くを吸収できるタイプです。このタイプの人は、1から10まで説明しなくても、3くらいまで説明すれば10まで理解できてしまいます。これだけ聞くと、生まれながらの「天才」と思えるかもしれませんが、そうではありません。コツをつかめばだれもが目指せるので、安心してください。

みなさんは、どのタイプなら目指せそうですか？　第1章では、それぞれの成績上位をキープする勉強法やモチベーションの保ち方をお話していきます。

成績上位1%って
なにをしているの?

# 2

## 自力吸収型の成績上位キープ法①

# 頭の中で自己対話する

自力でインプットとアウトプットを繰り返すことができる人は、常に自己対話ができているという特徴があります。そして、自己対話の質が非常に高いです。自己対話とは、文字通り自分自身と話すことをいいます。では、勉強における自己対話とは、どういうことなのでしょうか?

自力吸収型の人は、新しい知識を吸収するときに、常に「これってどういうこと?」「この問題を解くには、どうすればいい?」「このやり方で本当にいいの?」と**自問自答しながら目の前の課題に取り組んで**います。

たとえば、数学の一次関数の問題で「傾き」と「切片」についての授業を受けたとします。自力吸収型の人は、先生の説明を聞きながら「傾き／切片とは何なのか」を理解するのと同時に、「それらがグラフの中ではどう表されるのか？」などさらに一歩踏み込んだ疑問点を自分自身に問いかけています。

## 理解したことを第三者に伝えられる？

そういった自己対話をしながら、授業を受けているうちに理解が深まり、やがて「自分が理解したことを、どう表現すれば第三者に伝えられるだろう？」という問いかけができるようになっていきます。そして、**実際に自分で説明できるようになるまで、かみ砕いて知識を吸収**します。自分が先生として授業ができるくらいにかみ砕けていれば、質の高い自己対話ができている証となります。このように、自力吸収型の人はインプットをする時点で自己対話をする習慣ができており、他人に説明ができるレベルになるまで吸収をし続けています。その結果、実際に問題を解いていくときにも、自然に自己対話を使って問題を解くことができるようになり、正答率が高くなるのです。

成績上位1%って なにをしているの？

# 3

## 自力吸収型の成績上位キープ法②

# 「わかった」↓「できた」

授業の内容は理解できたのに、なかなか問題を解けるようにならない……という経験はありませんか？ 自力吸収型で上位をキープしている人には、こういったことはあまりありません。なぜなら、**「わかった」瞬間からすぐに「できる」ようにするというサイクルを確立している**からです。このサイクルを、ビジネスの世界ではPDCAといいます。PDCAは、Plan（計画）、Do（実行）、Check（評価）、Action（改善）の頭文字をつなげた用語です。PDCAを映像授業に当てはめてみましょう。

P　どの映像授業を見るか決める

D　映像授業を見て、問題を解いてみる

C　解けなかったら、映像授業に戻る。そして、「何に気をつけなければならないのか」と自己対話をして吸収し直す。

A　問題に再挑戦し、正解する。ここで解説を読んで納得する。

## 「できた」になったかどうかを基準に

ここまでが「わかった」です。その後、自己吸収型の人は、**自分の力だけで1から10まで解いてみて、正解してはじめて「できた」**ということになります。集中して授業を受けたり、ノートをとったりすることはもちろん大切です。ただ、それだけで満足するのではなくて、テストで問題を解いたときに、いかに正答率を高く保てるかどうかが肝心です。「わかった」ではなく、「できる」ようになったかどうかを基準に、勉強を進めることを習慣づけると、自力吸収型として成績を伸ばしやすくなります。

成績上位1%って
なにをしているの?

# 4

## 自力吸収型の成績上位キープ法③
# やめ時/はじめ時がわかる

自力吸収型の人は、自分軸で勉強を進めます。当然、何時間勉強するか、どの範囲をどこまで勉強するかについても、自分で考えて計画することができます。それだけではなく、**自分が集中できる時間の限界や休憩が必要なタイミングもわかっている**ため、やめ時とはじめ時がしっかりコントロールされた、メリハリのある勉強を進めることができるのが特徴の1つです。

人間の集中時間は、多く見積もっても60~70分だといわれています。これに関しては諸説ありますし、個人差もありますが、それほど長くないのは間違いないと思います。

自力吸収型の人は、この科学的事実を知らなくても、経験上、自分の集中力の限界がどの程度なのかを把握できています。そのため、3時間勉強すると決めた場合、「50分勉強＋10分休憩を3回繰り返す」というふうに、全力を注ぐ時間帯と休憩するタイミングを自分で調整しながら、問題を解いていくことができます。「2時間ぶっ続けで問題を解く！」といった無理は決してしません。

## メリハリのある勉強習慣は、入試で効果あり

また高校入試では、**1教科の時間が50分に設定されていることが多い**と思います。50分は人間の最大集中時間の限界に近いといえます。「50分勉強＋10分」の習慣ができていれば、集中力をキープしたまま試験を乗り切ることができますね。このように、やめ時とはじめ時がコントロールされたメリハリのある勉強は、入試対策としても理にかなっているのです。自力吸収型で勉強を進めていきたいと考えている人は、50分間しっかり集中して勉強する。そして、勉強が終わったらしっかり休憩をするという「やめ時／はじめ時」をしっかり設けると、勉強がはかどるでしょう。

成績上位1%って
なにをしているの?

# 5

## 自力吸収型の成績上位キープ法④
# 目標達成の障害を排除

自力吸収型の人たちには、「自分の力で勉強を進めなきゃ」という強い意志があります。また、目的を達成するためには何を勉強しなければならないのか、何が必要なのかということを、頭の中で論理的に考えることが得意な傾向があります。そのため、**勉強とは直接関連がないもの、目的達成を妨げる可能性があるものを排除する**こともとても上手です。

たとえば、ゲームやスマートフォン(以下、スマホ)は、勉強のときに基本的に必要ありません。むしろ集中力の大敵です。必要ないものを切り離す方法としていちばんシンプルなのは、そういった物自体を勉強机から物理的に遠ざけることです。

## 障害物とは距離をおく

自制心に自信がない人は、家族にあずけるのもよいかもしれません。テレビのように簡単に動かせない物が障害になるのであれば、別の部屋に行ったり、図書館に行ったりして、自分がそこから遠ざかるのも1つの方法です。

スマホに関していえば、アプリでスクリーンタイム（スマホを触っていた時間）がわかるように設定しておけば、使い過ぎをコントロールすることができます。映像授業を受ける場合は、パソコンやタブレットを切り離すわけにはいきません。このときばかりは、不要なアプリを削除するなど、自制心を働かせるしかありません。

このように、自力吸収型の成績上位者は、**あらゆる物理的な対策を講じ、自制心を発揮**して、目的達成の障害を徹底的に排除することができています。

自力吸収型で成績を上げていきたい（学習塾に通っていない人も含む）人にとって、以上のような方法で、自分にとって必要なものと必要でないものとで線引きをして取捨選択を進めていくことが、成績を伸ばす上で大切なポイントになります。

成績上位1%って

なにをしているの？

# 6

## 自力吸収型の成績上位キープ法⑤

# WantではなくNeed

自力吸収型の人たちが問題を解くときに、無意識にしている考え方があります。それは、**「Want型ではなくNeed型」**という思考です。

Want型、Need型は、私なりの呼び方です。Want型は「欲しい」という意味のとおり、自分が何をしたいのか、自分は何になりたいのかという欲求を最優先に物事を考えて、それに向かってひたすら進んでいくタイプのことです。Need型は、やりたいことをやるには自分に何が必要なのか、そして自分にとって足りない情報や補足すべき能力が何なのかを見極めながら進んでいくタイプです。

わかりやすい例として、三角形OABの面積を求める問題が出題されたとします。三角形の面積を求める公式は、「(底辺)×(高さ)÷2」ですね。Want型の人には、「底辺と高さが知りたい(Want)」と思うあまり、底辺と高さを求めるために何をすればいいのか(Need)まで思考が行きつかないことが結構多いです。

## 深掘りは近道になる

一方のNeed型の人は、底辺と高さを求めるためには、まず2つの頂点を求めることが必要だ(Need)と考えることができます。そして、そのためにはどの情報が必要なんだろう……というふうに、目的を達成するために、もう1段階深掘りすることができます。一見、遠回りのように思えますが、そこは「急がば回れ」。特に難関校で出題される関数問題では、実は**すぐにゴールに飛びつかない姿勢がとても大事**になるのです。このようにWantとNeedの違いを理解し、自分のWantを手に入れるために何がNeedなのかまで深く考える習慣をつけておくことが、成績をキープするために必要不可欠になります。

成績上位1%って

なにをしているの？

# 7

## 努力遂行型の成績上位キープ法①

# 学習はタスク型管理で

ここからは、努力遂行型のタイプが、どのようにして上位の成績をキープしているかについて説明していきます。

努力遂行型の人は、時間型管理ではなくタスク型管理で学習を進めているというのが最大の特徴です。SNSの投稿やYouTubeのコメントを見ると、「今日は5時間も勉強した」というふうに、勉強量を「時間」で把握している人がかなりいます。確かにわかりやすい基準ではありますが、勉強において「時間」はそれほど重要ではありません。**「何をやったか（どんな問題を完了したか）」のほうが、はるかに大切**です。

たとえば、5時間勉強した中学生が2人いたとします。仮にAさんとBさんとしましょう。Aさんは数学のワークを20ページ進め、Bさんは数学10ページ、理科10ページ、国語10ページの合計30ページを進めました。この場合、30ページ進めたBさんのほうが勉強の密度は濃いですし、成績が伸びるようになることは簡単に想像できます。

次に、5時間かけてワークを30ページ進めたCさんと、3時間かけて30ページ進めたDさんを比べた場合、勉強時間が短いからといって、Dさんのほうの勉強量が劣っているとは言えませんね。

## やるべきタスクの量から勉強時間を見積もる

つまり、努力遂行型で成績をどんどん上げていきたい人は、勉強時間の長さではなくて、何ページやったのか、どの教科をやったのかという、自分がこなしたタスクの数やページ数で勉強の量を管理するほうが、圧倒的に効率がよくなっていきます。そのためには、**こなさなければいけないタスクから逆算**して、すべてをやり切るため必要な時間を見積もる習慣が必要になってきます。

成績上位1%って
なにをしているの?

8

# 努力遂行型の成績上位キープ法②
# 一度解いた問題は解ける

努力遂行型の人は、一度取り組んだことのある問題を、2回目以降に解いたときにほとんど正解できるという特徴があります。これは、問題を解くまでのステップを1から10まで理解できていて、忠実に再現することができるためです。つまり、**問題を解く上での再現性が高い**のです。

ということは、見方を変えると、はじめて取り組む問題や、それまでに習ってきたものとは違ったタイプの問題が苦手、ということでもあります。一見、勉強においてはデメリットになるのではないかと思われるかもしれません。しかし、実はそうではありません。なぜなら、**公立高校の入試では、ほとんどの場合、一度は必ず触れたことがあ**

**る問題が出題される**からです。

高校入試で合格するためには、再現性がいかに大切かわかりますね。では、再現性を高めるためには、どうすればよいでしょうか？

## 完全に理解できるまで繰り返す

努力遂行型の人は、1つの問題に対して、完全に理解できたと納得できるまで、3～4周、人によっては10周以上繰り返しています。そうすれば、完全に同じではなくても、似たパターンの問題が出たときに解き方を再現することで、正解を導くことができるようになります。たとえば数学の場合、数字を変えただけの同じパターンの問題が出題されることが多くあります。このようなときに、あわてずに対応できるわけです。

努力遂行型で成績を上げていきたいと考えている人は、1つの問題に触れたときに「解説を見て終わり」ではなく、2度目に出されたときに再現できるまでやり尽くしているかどうかを、もう一度考えてみてください。

成績上位1%って

なにをしているの？

# 9

## 努力遂行型の成績上位キープ法③

# 達成度を「他人軸」ではかる

努力遂行型には、学校や塾の先生、勉強や人生の先輩のアドバイスを素直に聞いている人が多いです。そして、先生や先輩たちが自分に期待していることに応えられているかどうかに重きを置く傾向があります。つまり、**努力遂行型は「自分軸」ではなく「他人軸」で考える**癖があります。この点で、「自分軸」で自分が成長したかどうかを考える自力遂行型とは大きく異なります。

また、先生や先輩だけでなく学校や塾のライバルも「他人」になります。ライバルに比べ、自分はしっかり努力ができているかを考えているのです。そのため、努力遂行型の人が成績上位をキープするには、ライバルの存在がカギになります。受験勉強において、自分との闘いはもちろん大切。ですが、特にトップ校を目指す人にとって大切なのは、まわりより偏差値をいかに高く出せるかどうかだともいえるでしょう。

## ライバルの存在がカギを握る

努力遂行型で成績をどんどん上げていきたい人は、まわりの人との競争環境を意識的につくると、成績が伸びやすくなります。そういう意味で、塾に通うのであれば、**集団指導塾のほうが適して**います。個別指導塾に通っている人や塾に通っていない人の場合は、先生や先輩、そのほか自分の目指す人を仮想のライバルに設定して、彼らの教えやアドバイスを守ることを自分に課してみてください。

ただし、勉強はあくまでも将来の自分のためにしているのであって、決して他人のためにやっているのではないという意識は常に持っておいてください。勉強をするときにいかに他人軸で見られるか、まわりより秀でているかという基準はとても大切ですが、自分の将来像は自分自身が決めていくしかないのです。

成績上位1%って

なにをしているの？

10

## 努力遂行型の成績上位キープ法④

# 小さな約束も破らない

努力遂行型の人は、どんな小さな約束でも破らないことを自分に課しています。そして学習において、**約束とは「宿題」とほぼイコール**です。

たとえば、先生から「数学の教材の20ページから35ページまでを来週までにやってきてね」と言われたとしましょう。そのとき、その16ページは、「来週までにやってくる」という先生との口約束になっています。先生や自分の目指している理想像の言うことを素直に聞くことができる努力遂行型は、そういった約束や決まり事をしっかり守ることができます。

これから努力遂行型を目指していきたいという人は、たとえ小さな約束であっても破らないように、宿題は忘れないように、言われたことはしっかりやるようにすることを自分に課して実行することが、成績上位をキープするひとつの秘訣になります。

そして、この約束には自分への約束も含まれます。例えば「今日はこの勉強を進めよう!」と最初に決めた物事は、それが終わるまで決して寝ない、「1日英単語を50個覚えよう!」と思ったら、必ず1日50個覚えるまで休憩しない、などです。自分に課した決まりごとも抜け目なく守り、相手に言われたことを忠実に実行しながらも、自分自身のことも律しながら学習を進めているのがこのタイプです。

ただ一つ注意しなければならない点は、相手の期待に応えようと思った挙句、自分自身を潰してしまうことです。その点、自分へのルールはあまり厳しくするのではなく、**実現可能なラインを守りながら学習を進めることが大切**になることも忘れてはいけません。

成績上位1%って
なにをしているの？

# 11

## 努力遂行型の成績上位キープ法⑤
# 現状把握のための相手がいる

努力遂行型の人には、自分の現在位置を把握するために対話する相手が常にいます。すでに説明した通り、努力遂行型の人は自分がいまいる位置を「他人軸」で把握する習慣があります。そして、先生や先輩たちの言うことを素直に聞いて遂行することで、成績を伸ばしていきます。ということは、自分がどんな「他人」に囲まれているか、どの「他人」の言うことを聞くかが重要になってきます。**「この人の言うことを聞いていれば、成績を伸ばすことができるか？」という見極め**が必要不可欠だということです。

自分にとって有益な他人を見極める基準は左記を参考にすると良いでしょう。

1．その者自身に大きな実力（実績）を持っていること

2．一つのやり方（勉強法）に固執せず、多様なやり方を柔軟に受け入れられること
3．誰に対しても厳しく、本音でしっかり向き合っていること
4．一定の厳しさ（伝える圧・重み）があること

そして、その者を見つけたら「いまの努力量で足りているのか」を常に自分に問いかけてみてください。足りていなければ、努力量をあげなければなりません。また、ライバルが少しサボっていたら、自分が相手の成績を抜かすチャンスだと考えて、ギアを上げていきます。このように、**自分の勉強の出来・不出来をまわりの人がどの位置にいるかで確かめる**ことが、ひとつの安心材料になります。

努力遂行型でしっかりと成績上位キープしていきたいという人は、自分のライバルとしてサボりがちな人を設定するのではなく、常に頑張っている人を設定したほうが成績をどんどん伸ばすことができます。つまり、ハードルを引き上げるのです。なお、ここでは対話の相手としてライバルを例に挙げましたが、保護者、学校や塾の先生を対話の相手にしてもよいと思います。自分がやってきた勉強法についてしっかり相談できるならば、対話の相手として十分に価値があります。

成績上位1%って なにをしているの？

# 12

## 天才肌型の成績上位キープ法①

# 深堀りしながら生活する

天才肌型は、「勉強しなくてもテストで高得点がとれる」天才では決してありません。同学年のほかの人たちに比べて、理解力や推測力が高い人ということです。天才肌型の人たちは、**目の前の物事を常に深掘りしながら生活しているため**、自然に理解力や推測力が高まっているのです。「深掘り」とは、「?」から「!」にする力をつけるということです。たとえば数学で「A2乗X3乗」という問題が出題されたと仮定します。

3つのタイプの思考回路をのぞいてみましょう。

**自力吸収型**……解説で解き方を見ながら解く

**努力遂行型**……初見では解けず、先生の解き方を真似して解けるようになる

## 「?」と「!」が結びつくようになる

**天才肌型**……3乗とは何かに疑問を持ち（「?」）、意味を理解（「!」）してから解く

天才肌型の人は、この「?」から「!」を無意識にやっています。生まれながらに備わった能力というわけではないので、みなさんも、これから天才肌型を目指すことができます。そのためには、**日ごろから1つひとつの物事に「?」を持つ習慣をつける**ことが大切です。たとえば、旅行に行ったときの「この土地は、どうしてこういう地名になったんだろう?」といった疑問でも構いません。日常生活でこういったことを意識すると、勉強のときに無意識に「?」と「!」が結びつくようになっていきます。

また、学ぶ姿勢において、自力吸収型と天才肌型には「自己対話」「深掘り」という共通点があります。ただし、自分のやり方を信じる自力吸収型に対し、**自分の型が決まっておらず、他人の助言も柔軟に吸収できる**のが天才肌型です。この柔軟性こそ、天才たるゆえんといえるかもしれません。

成績上位1%って
なにをしているの?

# 13

天才肌型の成績上位キープ法②

# 一歩先を見て一歩後ろを歩く

天才肌型の人は、常に「?」を持ちながら授業を受けていることをお伝えしました。同時に、授業の最初の5分間で、自分が達成しなければならないゴールがどこにあるか、そしてゴールするために必要な情報は何かを確かめながら授業を聞いています。そのため、**10段階のうち5まで授業が進んだ段階で、授業の着地点を見抜ける**傾向があります。これが、「常に相手の一歩先を見る」ということです。

さらに、自分は5聞いた時点で10理解することができていても、まわりは5しか理解できていないという状況も理解できています。そのため、精神的に余裕を持って授業を受けることができます。これが「相手の一歩後ろを歩く」ということです。

余裕ができた結果、さらに「?」が生まれ、授業の内容を深掘りすることができます。そして、授業中に完全に理解できなかった「?」は、その場では「あとで解決すればいいや」と割り切って、前に進むこともできます。天才肌型の人には、こういった**好循環が絶えず生まれている**のです。

## 天才肌型には心の余裕がある

一方で、自力吸収型や努力遂行型の人たちは、先生の話を100%吸収して自分のものにしようという意識で学習を進めている場合が多いので、まわりを見る余裕がなく、「?」がなかなか生まれません。ここが、天才肌側とほかの2つのタイプの大きな違いといえます。天才肌型で成績をどんどん上げていきたいと考えている人は、常に「この授業で到達したいゴールはなんだろう?」「先生が最終的に言いたいことはなんだろう?」、そして「自分がやるべきことは何だろう?」ということに着目しながら授業を聞いていくと、心に余裕が生まれ、好循環ができていきます。

成績上位1%って
なにをしているの？

14

天才肌型の成績上位キープ法③

# 未知の領域を楽しめる

天才肌型の人たちは、自分が知らない分野について勉強することになったときにも、楽しく学ぶことができるという傾向があります。新しい情報が頭の中に入ってくると、とても**新鮮な気持ちになり、自分がレベルアップした感覚に**なります。そのため、勉強そのもの、知識を吸収することそのものが楽しいのです。

具体例を挙げてみましょう。中学校1年生の社会では、世界の国々の特徴を学びます。たとえばイギリスについて、「4つの国が連合している」「首都はロンドン」「海に囲まれた島国である」「中緯度に位置するため、偏西風が常に吹いている」「本初子午線が通っている」といったことが教科書に掲載されていて、実際にテストに出題されます。天才肌型の人はここで、「4つの国が連合しているということは、国の正式名称には『連合』がついているのではないか？」と疑問を持ち、深掘りしていくことができます。そうして、「グレートブリテン及び北アイルランド連合王国」という正式名称にたどり着きます。このように、**教科書では学ばない内容であっても、気になったことはとことん調べる**のが、天才肌型の特徴の1つです。

## 新しい知識を吸収することが楽しい

実際に、私が中学生のときに通っていた塾で、「本初子午線が通っている国を答えなさい」という問題が出されたときに、「グレートブリテン及び北アイルランド連合王国」と答えている子がいて、おどろいた思い出があります。

このように、学校や塾で習わないことだったとしても、自発的に調べて知識をどんどん吸収することに喜びを感じる人なら、天才肌型で成績を伸ばしていける素質があるといえるでしょう。

成績上位1%って
なにをしているの?

15

# 学習塾通塾者のトップ層に共通する3つの習慣

みなさん、自分に合うタイプは見つかりましたか? 最後に、全タイプの上位者が共通してやっている習慣を3つ紹介しましょう。

1つめは、**塾のミニテストで満点をねらい続ける習慣**です。ミニテストは、インプットした知識の再現性を確認する目的で実施されます。そのため、すでに習ったことが出題されます。常に満点をとるためには、同じ問題を最低3周、多い人だと10周解いて、完全に理解したといえるレベルまで持っていく必要があります。

2つめは、常に塾の授業を集中して聞き続け、**100%ではなく120%のインプットを目指す習慣**です。これは、1つめの「再現性の向上」にもつながります。学習塾通塾者には、入試に出やすい問題や定期テストの問題の傾向を、塾側があらかじめ分析して、それを最短ルートで教えてくれるというメリットがあります。ということは、塾の授業を100%自分のものにすることが、合格への一歩にもなるわけです。ただし、それだけでは思考力は育ちません。そのため、テキストの最後のほうに載っているような応用問題にチャレンジすることで、インプット量を増やしていきます。これが、「120%のインプット」の意味するところです。

3つめは、**何事も他人事ではなく自分事としてとらえる習慣**です。テストの答案用紙を返却されるとき、先生から「5番の問題は、ほとんどの子が間違っているから気をつけてね」などと言われた経験はありませんか？ 成績上位者ならば正解できているかもしれません。そんなときでも先生の助言を自分事のようにとらえて、今後も絶対に間違えないように努力を怠りません。

以上の3つの習慣を意識して、勉強に取り組んでみてください。

## 中3から受験までの学習スケジュール

私は当時、大手の集団指導塾に通っていました。基本塾で行われる勉強+定期テスト対策を自分の学習の中に取り入れ、それ以外はほとんど自学自習をしていない生活を送っていました。

私が通っていた塾では、**「難関国私立向けの学習を進める代わりに、定期テスト対策は一切授業内では行わない」**という学習スタイルだったので、定期テスト対策だけは自分でやる必要があり、物凄く苦労した記憶があります。
つまり、"入試で点を取るための基本的な学習"は、塾で行われる授業と宿題・ミニテストのみで完結し、"定期テスト対策"は理科と社会と実技教科を主にやっていました。

一方で数学と英語は、学習塾で習う内容を軸に進め、定期テスト対策をしなくても高得点が取れるよう、徹底的に塾でのミニテストで満点を取る練習をしていた記憶があります。私の中学では、**入試で満点をとる練習が出来ていれば、定期テストでは満点が狙えた**のでそれも一因としてあると思います。結果、中2の終わりでは内申点43/45で入試に臨んでいきました。

その後、中3からは以下のようなスケジュール感だったかと思います。

| 時期／科目 | 数学 | 英語 |
|---|---|---|
| 中2終了時 | 二次方程式まで修了 | 時制&不定詞応用まで修了 |
| 中3春休み | 二次関数 | 関係代名詞・間接疑問文 |
| 1学期 | 中3図形総合・チェバ・メネラウス・整数問題等 | 仮定法・その他応用 |
| 夏休み | 中3数学総まとめ | 中3文法総まとめ |
| 2学期以降 | 入試対策演習 | 入試対策演習 |

中3の春休みまでに中3前期の内容を習い終わり、夏休みでは中3の総まとめをやっていた記憶があります。なんだかんだで円周角が中2に入ったり、二次関数は夏直前まで続いたりと、学校のカリキュラム通りではありませんでしたが、夏休みまでに全ての単元とカリキュラムは終えている形で進んでいたかと思います。

そして中3の9月からは、難関国私立高校向けの講座が始まりました。その講座は横浜市のグループ校舎の中でのトップ層が一つの教室に集まり、みんなで受講していく講座でした。

それまでに中3までの内容や一部受験に出てくる高校分野の内容が終わり、9月以降は入試対策のための問題を数多く解いていた時期になります。ここが私にとっての大きな転機であり、1番泣いた時期でもあります（詳細は1冊目著作「中学生のためのすごい勉強法」に記してあります）。

# 第2章

# 成績上位がやっている国語の勉強法

成績上位がやっている

国語の勉強習慣

1

# 国語は「日々の習慣」こそ向上の第一歩である

国語は、日々の継続的な問題への取り組みが成績に結びつく教科です。特に小説文や論説文の読解に必要な技術や能力は、一朝一夕で習得できるものではありません。

さらに、漢字や文法のように、インプット量がものをいう分野もあります。ただし、漢字や文法であれば短期的に成績を伸ばすことができるかと？　いうと、そうではありません。なぜなら、**インプットしなければならない知識量が膨大**だからです。

漢字を例にすると、常用漢字2136字を小・中学校の9年間で習います。たとえ記憶力抜群の人がいたとして、まったく漢字が書けない状態から2136文字を毎日10文字ずつ覚えていったとしても、200日以上かかる計算です。インプットしなければならない知識量がいかに多いかがわかりますね。実際には国語以外の教科も勉強しなければなりませんから、現実的ではありません。学校の国語の授業は、これらの漢字を計画的に無理なく学習できるように組み立てられているのです。

## 漢字も文法も覚える量が膨大

文法も同様です。品詞の数が10個あり、動詞や形容詞には活用形が複数あるのに加え、言葉の成り立ちや文章での使われ方など、さまざまな単元を学習していきます。つまり、インプット量が勝負を分ける漢字や文法は、1日1題問題を解いて覚えるという地道な努力が必要になるということです。

国語の成績をアップさせる最短ルートは、漢字や文法の問題に毎日触れること、そして、同様に文章読解問題を解いて解説を読み込むことだということがわかっていただけたでしょうか。第2章では、国語の勉強習慣においてどういうことが大切になるのかを、具体的に解説していきます。

成績上位がやっている
国語の勉強習慣

2

国語の勉強習慣①

# 漢字と文法は得点源

×

漢字と文法は点が取れない

○

漢字と文法はやれば誰でも取れることを知っている

漢字と文法は暗記科目ですので、**勉強すれば必ず得点源**になります。一方、漢字や文法にも一定の思考力が必要なのも事実です。漢字の具体例を挙げてみましょう。次の文のカタカナを漢字に直してみてください。

問い：桜の**ジュヒ**を使って**ケンシ**を染める（東京都）

すぐに解ける人は、漢字が苦手な人ではないはずです。答えは「樹皮／絹糸」です。

ヨミを漢字に変える問題で大切なポイントは、聞きなれない言葉でも**前後から意味を推測**すれば解くことができるということです。特に聞きなれない言葉を漢字で書かせる問題に直面したときに、「漢字は苦手だな」と感じてしまう人がいると思います。

しかしこれは、**覚えるのが苦手なのではなくて、知識がまだ身についていないだけ**なのです。成績上位者はこれを理解していて、「2回目で解ければいいんだ」「新たな知識を吸収できた！」と頭を切り替え、次の問題でアウトプットができるわけです。

また塾の国語の時間には、ミニテストで漢字や文法の基礎問題が出題されることが多いと思います。テストでは満点を取り続けることを目指しましょう。このようにして1つひとつ丁寧に覚えていくことこそが、漢字と文法の力を伸ばす糸口になります。

成績上位がやっている
国語の勉強習慣

# 3

## 国語の勉強習慣②

# 語彙力を伸ばすために

活字の本を「普段読まない」から苦手

活字の本を「普段読めない」から苦手

国語の読解の成績を伸ばすには、**①語彙力 ②要約力 ③読書体力 ④表現力**が必要です。ここでは、①語彙力について解説します。

語彙力を上げるには、2つの方法があります。1つめは、市販の暗記帳などを使って語彙力を短期的にパワーアップさせていく方法です。2つめは、**読んでいる本にわからない単語や熟語が出てきたら、1つひとつ調べながら読み進めていく**方法です。

受験で有効なのは1つめの方法ですが、本を読む習慣をつけたいという人には2つめの方法がおすすめです。わからないワードが出てきたときに調べることで、自分の好きな世界がさらに広がっていくという感覚を得ることができます。

本を読まない人から「話の展開がだんだんわからなくなってきた」といった話をよく聞きます。その人たちには、読んでいるうちにストーリーが途切れてしまう感覚があるのだと思います。これは、わからない単語や熟語が出てきたときに、スルーしてしまっているためです。このタイプの人は、原作を漫画化、アニメ化されたものを先に見てから本を読むと、とたんに読書がはかどる可能性があります。ストーリーがわかれば読書を楽しめるポテンシャルがあるということです。

成績上位がやっている

国語の勉強習慣

# 4

国語の勉強習慣③

# 要約力をあげる魔法の習慣

読解力を向上させるには本を読んだほうがいい

読解力を向上させるには「自己対話」を繰り広げたほうがいい

## 筆者の考えはどこに書かれている？

高校受験で出される読解問題では、1200〜2000文字の文章を読んで、10分程度で答えていく能力が求められます。私は、そのような長文をすべて理解できた状態で設問に取りかかれる人は、ほぼゼロなのではないかと思っています。

国語の読解能力が飛躍的に高い人は、段落ごと、そして文章全体をひとことでまとめることができる「要約力」に長けています。

まず、国語では**自分がどう思ったかよりも、筆者が何を考えているのかを読み取る能力のほうが重視**されるということを、しっかり理解しておきましょう。読解力を高めていきたい人には、読解問題の本文をただ読むのではなく、「これを50文字程度でまとめると？」を**常に自分に問いかけ**ながら読むことを習慣にしてみてください。この鍛錬を積むことで、筆者が最も言いたいことを高精度で抽出できるようになります。

実は要約にもコツがあります。次の文章を30字以内で要約してみてください。

ファミリーレストランなどの格安飲食チェーン店といえば24時間営業が基本であったのだが、いまでは人手不足や長時間労働の改善を理由に、営業時間を短縮する傾向にある。顧客の中には、「なんで深夜に営業しないんだ」と怒り出す人もいそうだが、ここ数年で深夜の利用者が減っているのもまた事実だ。

昔は若者たちが深夜に時間をつぶすならファミレスに集まるのが人気だったが、いまでは、SNSでやり取りしたりライブ配信でイベントに参加したりと、時間帯を気にせず、オンライン上で人とコミュニケーションをとることができる時代になった。確かに、ファミレスの時短営業は一部の利用者からすると不便に感じるのかもしれないが、時代のニーズの変化により、サービス業界が変化しているということではなかろうか。

## 最後の文に注目する

正答例は、「時代のニーズの変化により、サービス業界が変化している。」です。最初の段落と2段落目の最初の文は「事実描写」にあたります。実際に起こっている事象を例として提示した部分であり、筆者のいいたいことではありません。また、最後の一文のうち「確かに〜かもしれないが」は、読者の心をつかむために筆者が譲歩して感想を述べた部分になります。このような枝葉をカットしていくと、筆者の主張が残ります。今回の例のように、**筆者の言いたいことは最後の文章に含まれることが多い**ということも覚えておくとよいでしょう。

枝葉を見極める分析力をやしなうためには、読書量をただ増やすだけでは不十分。要約の練習をひたすら繰り返すに限ります。そうすれば、長文の理解力が飛躍的に上がります。ぜひ実践してみてください。

成績上位がやっている

国語の勉強習慣

# 5

## 国語の勉強習慣④

# 長文を読み切る「読書体力」を身につける

本を読むこと＝「読解力向上」

本を読むこと＝「読書体力向上」

「読書体力」とは、長文を読み切る力を指します。読書体力がないと文章を読むだけで疲れてしまい、集中して問題を解くことができなくなってしまいます。

読書体力をつける有効な方法は、毎日読書をする時間をつくることです。「食事のあとに30分」「寝る前に10ページ」など、自分のペースに合わせて、無理のない範囲で設定するとよいでしょう。

また、**読書を読み物ではなく「指し物」ととらえる**方法も有効です。これは、人間は0.1～0.2秒あれば文章を理解できるという研究結果をもとにした方法で、文章をいくつかのブロックに分け、それぞれを指差しながら、「読む」ではなく「見る」イメージで、画像を認識するように進めていきます。今までのように一字一句を読むかわりにブロックに分けて読むことができれば、自然と頭の中に入ってくるようになります。幼少期に速読をさせる学習塾があるのも、この理由からです。ぜひ試してみてください。

成績上位がやっている
国語の勉強習慣

6

国語の勉強習慣⑤

# 記述問題の鍵を握るのは「表現力」

記述問題は「得意 or 苦手」

記述問題は「実行 or 不実行」

国語が苦手な人のほとんどは、記述問題が苦手なのではないでしょうか。確かに、記述問題で正答できるようになるまでには、とても時間がかかります。ただ私は、記述問題は、シンプルに「やるか、やらないか」の問題だと考えています。

**記述問題の正答率を支えるのは「表現力」**です。国語における表現力は、自分が考える正解を、誰にでも伝わるようにあらわす能力です。表現力を上げるためには、文章を正確に読み取れていることが大前提です。次に、自分の考えを正確にあらわすための語彙力も不可欠です。つまり表現力は、語彙力、要約力、読書体力すべてを身につけてはじめて養成することができる能力といえます。

表現力を上げるためには、その日あったことや感じたことを簡潔に書きとめる「ひとこと日記」が有効です。**書ければOK**というルールであれば、大きな負担にはなりません。とにかくやってみてください。成長の記録にもなるので、効果測定ができ、受験にも大いに役立ちます。

さらに、保護者や友だちを相手に、日記に書いたことを論理的に説明する訓練も効果的です。表現力だけでなく論理的思考を身につけることもできます。

成績上位がやっている
国語の勉強習慣

7

国語の勉強習慣⑥

# 問題出題者の意図をつかむ

国語は「自分の考えを述べること」が大切である

国語は「問いに答えること」が大切である

どの教科でもそうですが、試験では問題に正しく答えることがゴールです。そして、試験には必ず問題を作成した人（作問者）がいます。国語ではさらに、試験に引用された文章の筆者（著者）がバックグラウンドにいる問題が多く出題されます。国語の問題を解くときは、**作問者が筆者の意図をどう理解して問題を作ったか**が肝心で、文章を読んで自分がどう感じたか、何を思ったかは関係ありません。この点は、必ず押さえておいてください。

加えて、作問者は出題されている本文に書かれている範囲からしか問題を出すことができません。ということは、**正解は必ず本文中にある**ことになります。

そのため、国語の得点力を上げるためには、答えを必ず本文中から探すことが必要になります。問題文で指定されていない限り自分なりの考えを書いたり付け加えたりすると、減点されたり不正解になったりするので、注意しましょう。

またそもそも、設問の意図を取り違えると、当然ですが正答することはできません。何を問われているのかを正しく理解するために、選択問題、記述問題を問わず、**問われていることに線を引きながら設問を読む**のもおすすめです。

成績上位がやっている
国語の勉強習慣

8

国語の勉強習慣⑦

# 長文は重要部分に印をつける

×
文章を読むときは流れるようにスラスラ読む

○
文章を読むときは印をつけて
問題文を汚しながら読む

# 丸や四角、傍線や矢印があふれる問題用紙

国語の文章を読むのが得意な人には活字を読むことに慣れている人が多く、読むだけで重要な部分がすんなりと頭の中に入ってきます。そのため、問題文に印をつけておらず、まっさらな状態で設問に向かう場合がほとんどです。

苦手な人は、頭の中で内容をイメージ化することに精いっぱいなため、得意な人とは別の理由で問題文はまっさらです。しかも丁寧に読んでいるわりには、重要な部分がどこかを理解できていません。

ただ、私の経験上、国語が得意ではない状態から得意教科にまでした人たちには、決定的な違いがあります。それは、**読解問題の本文を1度読み終わった時点で、問題用紙がものすごく汚れている**ということです。文章のあちこちに丸や四角、傍線や矢印などがあふれていることもあります。本書の読者には国語が苦手な人も多いと思いますので、ここを目指すと良いでしょう。

「汚れている」のはなぜかというと、自分が注目して読み取った部分や、段落最初の

接続詞、くり返し登場する単語、キーワードになりそうなセリフなどに、徹底的に丸をつけたり線を引いたりして、読解を進めているからです。このように、**重要な点を視覚情報にして浮かび上がらせながら読解を進める**ことこそが、本文の解像度を上げる大きな武器となります。

そのため、国語が苦手な人ほど、鉛筆を持ちながら文章を読むことをおすすめします。そして、ひと段落に1～2つ、多いときは5個以上、重要な部分に印をつけながら文章を読んでいきます。これが、正答率向上のためには欠かせない方法です。

## 接続詞、指示語、要約のタネに注目

では、どういうところに線を引いたらよいのでしょうか？　次の3つが重要な部分になるケースが多いので、注意を向けるようにしましょう。

1つめは接続詞です。接続詞は、場面が変わったり、重要なことを指し示す前兆になったりする、とても重要な品詞です。特に、**「しかし」「つまり」「それゆえ」などの**

**逆説や抽象化を示す接続詞は最重要**です。これらを四角く囲みながら、その前後の文章に注力して読むことで、読解の精度を上げることができます。

2つめは「これ」「それ」「それら」などの指示語です。指示語は、それより前に出てきた語句のくり返しを避ける目的で使われます。**本来ならばくり返される語句なのですから、それなりに大切**なものになるわけです。そのため指示語が出てきたときには、その指示語が何を指し示しているのかがわかるように、指示語ともとの語句を線でつないであげてください。そうすることで、筆者がその語句をくり返した意図や、段落の構成が見えてきます。

3つめは、要約するときに使えそうな「要約のタネ」に線を引くことです。本文を読むと同時に線を引いておけば、いざ設問に取り組むときに、線を引いてある部分をそのまま持ってくれば、答えになるわけです。この点については、「要約力」についての節（48ページ）でも説明しています。このように、印をつけて問題文を汚しながら読んでいく習慣は、時間短縮にも貢献してくれるのです。

成績上位がやっている
国語の勉強習慣

# 9

国語の勉強習慣⑧

# 学習塾通塾者の国語の習慣

数多くの問題を解くことで経験を積む

コツを意識しながら1問1問丁寧に解き進める

数学や英語では、数多くの問題を解き、問題パターンを自分のものにすることで実力を上げていきますが、国語はそうではありません。学習塾の国語の授業では、先生が読解や記述のコツを教えてくれます。国語は、そのコツを意識して1問1問丁寧に解き進める習慣が成績アップに直結する教科であると思います。

国語には、ある問題で間違った場合、その類題を解くことで理解を深めるというパターンがあまりありません。そのため、問題を1つずつ解き進めたあとで答え合わせをし、その都度「なぜ間違えたのか?」「なぜこの本文のここが重要なのか?」という**「?」を持ちながら問題に取り組んでいく**ことが、効率的に国語の問題を解けるようになるいちばんの方法になります。

また、**学習塾のミニテストには、日ごろから満点を意識してのぞむ**ことも大切です。

国語は半年間から1年間かけて地道に養成していく教科ですので、現時点で国語に苦手意識がある人でも、半年後・一年後には大きく花を咲かせる可能性が大いにあります。これまで紹介してきた勉強習慣を身につけて、国語の実力を着実につけていけるように頑張ってください。

## “学校の提出物”に関する処世術

ここでお伝えしたいことは2点で、**「学校の提出物を頑張ることでは、自分の成績は上がらない」**ということ、**「学校の提出物は“興味を持っている”というアピールの場である」**ことを理解する、という点です。そのため、**学校の提出物関連や内申点を上げるための勉強は“時間を限定して”取り組み、「生産性を上げる」ことが大切**です。

このコラムでは、理科などのレポートで高評価をもらえるコツをお伝えします。それは「1手先を読んだコメントを書く」ことです。

例えば中2理科で習う化学の実験において、炭酸水素ナトリウムの加熱実験をやったとしましょう。すると、恐らくその次の授業では、炭酸水素ナトリウムを加熱した時に発生する物質を実験を通して復習し、炭酸水素ナトリウムが分解される過程を理論的に説明する授業になるでしょう。レポートは、その理論を学ぶ前に提出があるはずです。となると、その理論は習っていませんよね？だから、そこは結果から「推測」して自分の意見として書けるわけです。ですので、考察にはこう書きます。

〈以下、レポート考察例〉

結果から考えると、炭酸水素ナトリウムを加熱させることにより、新しい物質ができたのではないかと考える。そしてその物質が気体と液体であることから、炭酸水素ナトリウムとは異なった、新たな性質を持つ物質が発生していると分かる。ただ一方で、何もないところから新しい物質がいきなり誕生するとは考えにくい。つまり、炭酸水素ナトリウムが“何かの変化”をもたらして新しい物質を生成したのではないかと考える。このことから推測をすると、炭酸水素ナトリウムも加熱後は何か別の物質に変化をしたのではないかと考える。

(以下ツラツラ…)

(最後に)他にも、こういった“一つの物質から他の物質を生み出し”たり、また“この逆の現象は起きるのか”が気になるため、今後の授業で学びつつ自分でも吸収していきたいと思います。〈終〉

もちろんですが、すべてこの考察内容は合っています。ただ、自分が既に塾で履修済みであることは学校の先生は知る由もありません。つまり、自分が知っている内容を“いかに自分で考えて出したアピールが出来るのか”が大切なのです。そして最後に、「今後の授業がとても気になる」という好奇心を全面に出すことが大切です。

# 第3章

# 成績上位がやっている数学の勉強法

成績上位がやっている

数学の勉強習慣

# 1

# 数学は武器の使い方をマスターする教科である

## 先生が武器の指南役になる

第3章では、数学で成績上位をキープしている人の勉強習慣を紹介していきます。

ご存じのように、数学は、1問1答形式の問題をどんどん解いていったり、ひたすら暗記をしたりして成績を上げるタイプの教科ではありません。

数学の問題を解くときには、それぞれに適した「武器」があります。この武器をもともと身につけている人はほとんどいません。武器の使い方を教えてくれるのは、学校や塾の先生です。

先生の武器の使い方を真似して1問解いてみる。そして、今度はその武器を使って独力で類題を解いてみる。解けるようになっていれば、その問題はひとまずクリア。

そして、1ヶ月後に出されたときにも対応することができる。**いついかなるときも、武器を使って相手を倒すことができる**のが、成績上位者の特徴です。

つまり、いったん武器を手に入れたら、問題の見直しの精度を上げることで習熟度を上げていき、再現性を高めることで成績上位をキープすることができる教科が数学だといえます。

## 武器の腕前は熟練度次第

数学はとにかく**取り組んだ問題の量がものを言う**ということ、そしてその結果、数学を解くための**武器をどれだけ使いこなせるようになるかが大切**だということです。

このことを念頭に置きながら、数学の勉強を進めていってください。

成績上位がやっている

数学の勉強習慣

2

数学の勉強習慣①

# 解法のパターンに慣れる

数学は何よりも「理解すること」が大切である

数学は何よりも「慣れ」が大切である

数字を変えるだけでたくさんの類題を作れるのが、数学の特徴です。見方を変えると、**数学の問題の解法は、いくつかのパターンに分類できる**ことになります。

数学が苦手な人は、問題の解法が思い浮かばなかったときに、つい「ひらめきがないんだ……」と考えてしまいます。しかしこれは、ひらめかないのではなく、単にパターンに慣れていないだけなのです。

数学が苦手な人は、①わからない問題を発見する ②解説を見る ③なんとなく解説の内容を理解する ④次の問題へ、というサイクルをくり返す人が多いですが、数学ができる人は、①わからない問題を発見する ②自分の力でなんとか解答までたどり着く ③間違えている部分について、解説を見て納得する **④もう一度自力で解く** ⑤答え合わせしてできていれば、次の問題へ、というサイクルで勉強できています。

②の時点で、一定時間経ってもわからなければとりあえず解説を見る、そしてその解説のやり方をしっかりとマスターして、自分の中で再現できるようにするというサイクルをくり返しているので、それだけでもほかの人より数倍問題を解いていることになります。そういった**問題ごとの解き方が、数学力の向上にある程度直結**します。

成績上位がやっている
数学の勉強習慣

# 3

## 数学の勉強習慣②

# 試行錯誤して答えを出す

ノートに導出から解答まで書いている

いらないメモ用紙とプリントで解き進める

## どんな方法でもいいから問題を解く

数学は、解答までの道筋を丁寧にノートに書くことで一旦理解が深まる教科ではありません。最終的に1人の力で答えが出せるのが理想です。

たとえば、「多項式×多項式の展開」の問題では、公式を使えば簡単に解を求めることができますが、この問題に「公式を知らないという前提」で数学が苦手な人と得意な人がチャレンジしたとします。

数学が苦手な人は、問題が解けなかったときに、「この公式を覚えなきゃ」という意識が先立ち、ノートに書いて公式を覚えることに固執してしまいます。

一方、数学ができるようになる人は、とにかく自分の力で解いてみます。その結果、2つの多項式を1つひとつ展開していくような遠回りの方法をとったとしても、正解にたどり着けます。また、その過程で公式に結びつく法則を発見することもあります。

**公式がなくても答えが出せる、また公式を自分で導くことができる**ところまでたどり着けば、数学的な思考力が身についたことになります。一例を挙げましょう。

**【問題】** 図のように、1辺が1cm、2cm、3cm、4cmと各辺を1cmずつ長くして作った立方体のすべての頂点に・印をつける。次に、1辺が2cmの立方体には、各辺をそれぞれ2等分する点に・印をつける。さらに、1辺が3cmの立方体にも各辺をそれぞれ3等分する点に・印をつける。そして同じように、1辺が4cm以上の立方体でも、各辺を1cm長くするごとに、各辺を等分する点の数を1つずつ増やして・印をつけていく。次の問いに答えなさい。

（1）1辺が2cmの立方体の・印の個数を求めなさい。

（2）1辺が5cmの立方体の・印の個数は、1

〈図〉

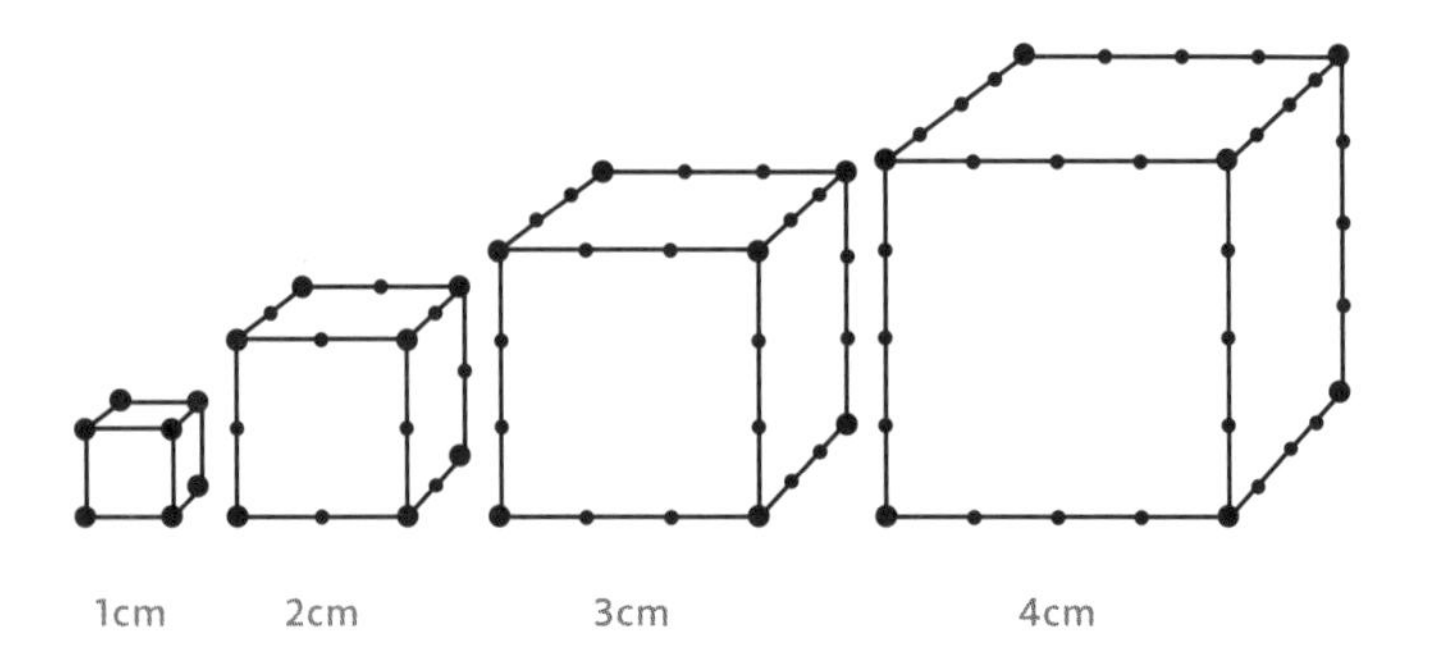

辺が4㎝の立方体の・印の個数よりも何個多くなりますか。

（3）立方体の・印の個数が200個になるときの1辺の長さを求めなさい。

数学的思考力のある人は、（1）～（3）までの問題を、自力で解くことができます。まず1辺が1㎝、2㎝、3㎝くらいまでは、・印の個数を頭の中で数えることができますね。1㎝＝8個、2㎝＝20個、3㎝＝32個となります。（1）の答えは20個です。

ここまでの過程で、・印の個数が12個ずつ増えているという法則を導き出すことができます。そこで、4㎝＝44個、5㎝＝56個となり、（2）の答えは12個です。

そこから、8＋12（n－1）という方程式を使えば・印の個数を求めることができるとわかります。（3）の答えは、8＋12（n－1）＝200を解いて17になります。

丁寧に導出から解答までを書くことにこだわっていたら、（3）の正解に至る方程式を導くことは難しいと思います。**いらないメモ用紙に殴り書きのように途中式を書いて、根気強く問題を解いていく**方法のほうが向いているのです。

成績上位がやっている
数学の勉強習慣

# 4

数学の勉強習慣③

# チート技に出会う喜びを知る

難しい問題は「思いつかない」のが原因である

難しい問題は「解き方を知らない」のが原因である

数学の問題はいくつかの問題パターンと、それに対応した解法パターンがあります。そのため、パターンがしっかりと身につくまで問題演習をくり返すのが肝心。それさえできれば、偏差値60台後半くらいまでは成績を伸ばせる人が多いように思います。その基準に満たない人は、**解法パターンが身についていないか、解法パターンに慣れていない**場合がほとんどです。

解法パターンを覚えるためには、塾や映像授業、市販の教材を使ってインプットしていく必要があります。ただ、応用問題には数学的思考力が必要になります。応用問題が解けない人には、**答えが出せるまで一切解答を見ない**という方法をおすすめします。

私にはこんな経験があります。小学校のときに通っていた塾で宿題を提出したときに、×の問題だけ1週間後に再提出を求められました。ヒントは一切与えられません。試行錯誤しながら答えを導いて再提出したところ、答案用紙には「正解だけど、遠回り」のひとことと、解説として最短ルートの解法が書かれていました。そのとき、それがまるでチート技のように光り輝いて見えたことが今でも忘れられません。そのようなインパクトがあると、人はなかなか忘れないものなのです。

成績上位がやっている
数学の勉強習慣

5

数学の勉強習慣④

# 解説はあくまで最終手段

解説はわからないときに使うもの

解説は思考放棄したときに使うもの

解説に書いてある解法はあくまでもチート技です。みなさんにも、解説の解き方とは違っているけれど、答えは合っているという経験があると思います。正解できたのであれば、その解法は1つの立派な解説になり得ます。ただしその解法が、数字を替えただけの類題でも同じように使えなければ、意味がありません。

つまり、数学ができるようになるために大切なことは、自分の力で1つの解説を作り上げること。しかも、それが**類題にも適用できるもの**であることと言えるでしょう。

解説を見ること自体は悪いことではないですし、最短ルートの解法を自分のものにすることは、とてもいいことです。ただ一方で、その解説だけに縛られるのではなく、自分なりに考えて1つの解を導き出すまでのプロセスが、数学ができるようになるには大切な要素になるということを意識してください。

そういう意味で、テキストにある解説は解法がわからないときに使うものではなく、**自分の思考力すべてを使い果たしたときに見る最終手段**なのです。数学が苦手な人は、5分考えても解き方がわからないときに、解説を見るのをぐっとこらえて、あと5分、あと10分と根気強く考える習慣をつけてください。

成績上位がやっている
数学の勉強習慣

6

数学の勉強習慣⑤

# 公式や計算のルールは暗記する

数学は暗記科目ではない

暗記をした方が効率的なものもある

数学は暗記科目ではないとよく言われますが、それは半分間違っていると思います。これまで、チート技を使わずに自分の力で問題を解く訓練が数学の成績アップには必要であることを説明してきました。しかし、**最低限の「決まりごと」を知らないと前に進めない**のも事実です。

たとえば**公式**です。三角形の面積を求める公式は「底辺×高さ÷2」ですね。なぜその公式で面積を求めることができるのでしょうか？　根拠は当然ありますが、テストで出題されるのは、根拠ではなく公式を使って解を求める問題です。

また、数学には計算がついてまわりますので、**四則計算のルール**も覚えておかなければなりません。「掛け算、割り算は、足し算、引き算より先に計算する」といったルールを無視して計算すると、正解を導き出せません。根拠を理解するに越したことはないですが覚えてしまった方が効率は良いです。

ちなみに計算のルールは、ルールを守って計算問題をひたすら解くことで、スピードや正確性を養いながら身につける方法がおすすめです。1時間の計算の訓練を10日間続ければ、計算力が確実に身につきます。

成績上位がやっている
数学の勉強習慣

# 7

数学の勉強習慣⑥

# 見直しの仕方を見直す

正解が多いほどよい

バツが多いほどよい

数学では**間違えた問題を〇にするときに最も成長**します。数学の不正解には、①立式は合っているが答えが違う（計算間違い）、②立式も答えも違う、という2つのパターンがあります。数学の試験では、どちらのパターンもつぶしておかなければ正解することができません。

みなさんは正解できなかった問題をどのように見直していますか？

おすすめの方法は次の4つです。

①どんなに遠回り方法でもいいので、1つの解を出す。不正解の場合は再挑戦する。
　これを、正解できるまでくり返す。
②複数の解法を使って答えを求めるまでの道筋を自力で見つけられるようにする。
③他の問題や類題を解くことで解法を身につける。
④解説を見て、最短距離で求められる解法を学ぶ（最終手段）。

正しい立式ができるようになるには、たくさん経験を積む必要があります。答えが出た瞬間というのは気持ちいいものですし、難しい問題でも解けるという成功体験が生まれます。

成績上位がやっている

数学の勉強習慣

8

数学の勉強習慣⑦

# インプットにこだわらない

インプット↓アウトプット

アウトプット↓インプット

数学ではアウトプットが超（×5）大事です。むしろ、理解は追いついていなくても、とりあえず問題は解けるという状態になっておくと、あとで理屈がわかったときに「なるほど！」となり、一気に数学が楽しくなります。

たとえば、なぜ面積を求める公式が「底辺×高さ」なのかというと、底辺の線を高さぶん上に積み上げていくと、面積と等しくなるからという考え方です。ただし、これは高校数学の積分の内容になるので、中学校では学びません。それでも、みなさんは解くことができます。理論は分からなくても問題が解けて、後から理解します。**「アウトプット↓インプット」**とはこういうことです。

ただし証明問題などでは、最低限の知識をインプットして書き方を理解しておかないと、そもそも記述ができません。ですから、インプットが一切必要ないのかというと、そういうわけではありません。

ここで私が言いたかったのは、**「インプットの量が足りなくても、問題を解くことであとから知識を身につけることはできる」**ということです。

成績上位がやっている

数学の勉強習慣

# 9

## 数学の勉強習慣⑧

# 数学を楽しむことがゴール

定期テストが完璧であれば入試も80点レベルになる

定期テストが90点越えでも入試数学は50点

数学に限った話ではありませんが、定期テストで普段取れている得点を、入試でも取れるわけではありません。定期テストでは習ったことを中心に出題されるので、授業内容をしっかり聞いていれば、6割程度は得点できます。

一方で入試問題は自分の通う学校の授業に限定されず、都道府県ごとに一律で問題が作成されます。となると求められるのは、**中学3年間の学習内容がひと通り頭に入っているか**どうか、そしてそれらを**応用して使うことができるか**どうかです。

そこで大切にしたいのは、いままで述べた数学の勉強習慣を使いながら、数学を楽しんで問題を解く姿勢です。「そんなの無理!」という人がいると思いますので、数学が楽しくなるコツをお伝えします。それは、**ひたすら問題を解いてみる**ことです。

ためしに因数分解の計算を無心に100問解いてみてください。そしてそのあと、難しめの因数分解の問題を解いてみましょう。行き詰まるのは当然ですが、解答を見ずにひたすら考えてみてください。すると不思議なことに、組み合わせを考えることがだんだん楽しくなってきます。だまされたと思って、一度やってみてください。**チャレンジ精神こそ、数学を伸ばす秘訣**ですから。

## 勉強に才能は必要か?

勉強がなかなかできるようにならず、テストの得点もあまり上がらない……そんな時にふと思うことがあると思います。「勉強ができるには、やはり才能が必要なんじゃないか」って。私が受験生当時も何度も頭をよぎったことがあります。特に夏休みのスランプの時期は合格が果てしなく遠く感じて、その度に思ったものです。そんな受験生時代から現在、10年以上が経ち、数多くの生徒を見てきた中でひとつ、「勉強×才能」について見えてきたものがあるので、それをご紹介します。

ここでお話する「才能」とは、「人間として覚えられる暗記量やインプット知識の上限が高く、3年以内(中学生活内)に習得困難なもの」を前提にお話を進めていきます。

結論、「早慶附属レベル」までは、才能は必要なく努力量でカバー出来る領域であり、才能がなくとも、**“教える講師の質”や“解きこなす問題量”によって合格まで引き上げる事が可能**です。一方で開成や筑波大駒場等の国内トップクラスはなかなか講師の力×本人の努力量のみでは難しく、元々その子どもに備わっている才能も必要、という結論に私の中では至っています。

何故かというと、中学1年時にオール3を下回る生徒が実際に早慶附属へ合格しているケースは一定数存在するからです。

トップ層に位置する多くは「一定の基本レベルまでは解けるものの応用問題でなかなか解けるようにならない」という人が多いと思います。しかし、実際に出てくる偏差値70レベルの問題はパターン化されている問題の中から組み合わせて考える問題が多く、インプットの知識量はそこまで多くなくても、類題を多く解きこなす、また優秀な講師の元で効率のいいインプット方法を教わることで、相対的な覚える量を減らし合格まで結びつく場合が多いです。

そのため、今オール4に満たない成績だったとしても、そこから上位私立校への合格は諦めないでください。偏差値70以上の合格のためには、一定量の問題をこなすことによるインプット知識の積み上げが大事になってきます。そのためには自ずと、“効率化”と“勉強にあてる時間”が必要になってきます。トップ校に心から行きたいと思うのであれば、生半可な覚悟では足りません。「才能」にあぐらをかいて、志望校に落ちてしまった人もいました。才能があることに越したことはありませんが、**最後にものをいうのは、どれだけ勉強に対して向き合ってきたかだと私は思います。解いた問題量、かけた時間……やってきたことは裏切りません。**

# 第4章

# 成績上位がやっている英語の勉強法

成績上位がやっている

英語の勉強習慣

1

# 語学は「慣れてなんぼ、指数関数的に実力向上」

英語も日本語も言語です。ですから、学び方も基本的に一緒です。たとえばみなさんは、どのようにして日本語を書いたり読んだりできるようになりましたか?

①家族の真似ごとをして話す。
②日常生活で単語に出会ったときに、発音してみる。
③授業などで文字や表現技法を習い、書く練習をして覚える。
④授業などで長文を書いて、読んで、理解できるようになる。

このような手順を踏んで単語や文法を覚え、読解ができるようになってきたと思います。英語もまったく同じで、英語には**英単語(意味と発音)と英文法(英文の書き方)**

**の知識と、それらを使って読解（読んでストーリーを理解する）するスキル**が必要になります。

## 英語は日本語に比べて覚える文字数が少ない

ところで、中学生レベルの日本語では、ひらがな50音、カタカナ50音、常用漢字2136文字、あわせて2200文字あまりを覚える必要があります。一方、英語はA～Zまでのたった26文字です。組み合わせを変えるだけで、膨大な英単語ができます。つまり、日本語の2200語に対し、英語は26語覚えれば文が書けるのです。これって、最高だと思いませんか？　では本題。英語の勉強法には3つの軸があります。

①3技能（writing/reading/listening）を同時に使う
②毎日触れる
③記録をつける

第4章では、これらの具体的な勉強法について説明していきます。

成績上位がやっている
英語の勉強習慣

# 2

英語の勉強習慣①

## 熟語は意識的に覚える

×

問題を解いてパターンを身につける

○

3技能(writing/reading/listening)+語彙力で決まる

英語では、問題を解くだけ、書くだけでは力がつきません。なぜなら英語は語学であり、一定の知識をあらかじめ蓄えなければならない教科だからです。

日本語の豊かな文章を書く際にことわざや四字熟語が役に立つように、英語でも、文法を駆使して熟語や慣用表現を使っていくと、英語の表現が豊かになります。そのためには、**3技能（writing/reading/listening）の力だけでなく、単語力を上げていく**必要があります。一例を紹介します。

I（　）（　）play soccer. =I（　）（　）（　）play soccer.

［和訳］私はサッカーをやりたいです。

それぞれのカッコには、何が入ると思いますか？　答えは「want to」と「would like to」です。can、will、would などの助動詞1つひとつは、文法の授業で学習します。しかし、「would like」になると授業で取り上げられないこともあります。そのため、熟語として意識的に覚える必要があるのです。

成績上位がやっている
英語の勉強習慣

# 3

英語の勉強習慣②

# 単語は毎日触れて暗記する

1週間で100単語

1日で100単語

みなさんは、塾の先生に「1週間で単語を100個覚えて来なさい」と言われたら、どのようにペース配分をしますか? 5日かけて1日20個ずつ覚え、残り2日を復習にあてる人が多いのではないでしょうか。

**何かを暗記するときにいちばん有効な方法は、毎日触れること**です。さきほどの方法だと、1日目に割り振られた20個は、2~5日目には触れないことになります。これだと、復習のタイミングで覚えられていない可能性が高くなります。

おすすめの暗記法は次の通りです。まず、1日に100個すべてを覚える気持ちでのぞんでください。最初は5時間かかるかもしれませんが、頑張ってください(笑)。

次に、すきま時間に**シャドーイング(英単語を音で聞き、すぐ後を追って復唱する方法)**をしてみてください。綴りが頭に思い浮かばなくても、口ずさめるようになっていきます。これを毎日くり返しやってみると、5~6日目には80~90個は覚えられます。そして最後の7日目に、テストで仕上げるのがベストです。

単語は受験のときまで忘れずに覚えておく必要があります。毎日触れる方法で暗記をしたほうが、定着率が上がることは間違いありません。ぜひ実践してみてください。

成績上位がやっている
英語の勉強習慣

# 4

英語の勉強習慣③

# 3技能併用で単語を暗記する

読んで覚える↓書いて覚える

3技能を同時に使う

英単語を覚えるとき、まず単語帳などを読み、そのあとに書いて覚える人が多いのではないでしょうか。このように3技能を個別に使うのは非効率です。ファーストステップは、「読んで書いて覚える」こと。つまり、発音記号を確認した上で、**必ず発音しながら1つひとつ書いていく**のです。私の場合、1単語あたり50~60回くらい書いています。完全に覚えた気になるまで書き続けるのがポイントです。

そのあとは、その単語を使った例文をリスニングすることがとても大切です。高校入試ではリスニングがある都道府県がほとんどであり、単語がどう発音されるのか、文中でどう活用されているかを踏まえて暗記したほうがよいからです。

ちなみに単語帳には、高校入試に向けたものと英検対策のものの2タイプがあります。それぞれ特徴は異なりますが、英単語をインプットするならば、英検対策としてつくられた単語帳を使うことをおすすめします。なぜなら、入試対策の英単語帳には単語が単体でたくさん掲載されているのに対し、英検対策の単語帳には、熟語や慣用表現が充実しているからです。たとえば前置詞は単体よりも熟語の一部として使われることが多いため、単語単体で覚えてもあまり意味がないのです。

成績上位がやっている

英語の勉強習慣

5

英語の勉強習慣④

# 文法はインプットで仕上げる

✕

インプット↓アウトプット

○

インプット↓アウトプット↓インプット

英語の勉強では、まず英語の文法表現を学び（インプット）、問題を解くことでそれを実際に使って身につけていく（アウトプット）のがセオリーです。

長文読解の問題などでは、文章中にわからない熟語や慣用表現などが出てきます。また、英語の問題集の多くは、基本問題、練習問題、応用問題という3部構成になっています。そのうち、特に応用問題には、解説には書かれていない難しい文法表現が使われていることがほとんど。**事前のインプットだけでは不十分**です。

そのため英語の学習を進めていくときには、インプットで実際に知識を吸収したあと、基本問題、標準問題、応用問題を解いて（アウトプット）終了ではなく、**そこではじめて出会った文法表現をまとめた自分なりの参考ページをつくる**ことをおすすめします。つまり、アウトプットのあとに、もう一度インプットするのです。そこでは、間違えた問題の振り返りもあわせて行います。

このように、インプット→アウトプット→インプットという3ステップを習慣づけることで、効率的に英語の知識を吸収することができるようになります。

成績上位がやっている
英語の勉強習慣

# 6

英語の勉強習慣⑤

# 文法問題では設問の意図をさぐる

英語は感覚値で解く

英語は理論的に解く

## 受験英語では感覚は二の次！

英語は「感覚で学ぶ」ものだとよく言われます。確かに、正しい文法でライティングするよりも、感覚的にリスニングやスピーピングができたほうが、実生活では役に立ちます。みなさんも日本語で会話するときには、「理論的に話そう！」とはあまり考えませんよね。

ただし受験英語に関しては、感覚は二の次になります。ここで、一例を紹介します。

問　以下の文を和訳しなさい。

（1）I'm playing basketball now.

（2）I will be able to play basketball tomorrow.

「（1）私はいま、バスケットボールをします。」「（2）私は明日、バスケットボールができるでしょう。」と訳しましたか？　一見、日本語としては違和感がありませんが、受験では正解にはなりません。（1）では「～します」ではなく「～しています」という表現に、（2）では「～ができるでしょう」ではなく「～をすることができるでしょう」が正解になります。これは、どうしてでしょうか？

この和訳の問題には、**「文法表現をしっかりと理解して和訳できていますか？」というメッセージ**が隠されています。つまり、（1）では現在進行形、（2）では be able to という表現が理解できているかが問われているのです。

## 「文法がわかっている」としっかりアピール

そのため、たとえ感覚的に堅苦しい表現だとしても、現在進行形を訳すときは「～しています」、be able to は can と同じ意味なので「～することができる」と訳し、**文法を理解していることを採点者にしっかり伝え**ないといけません。

このように、英語を勉強するときには感覚をいったん脇に置いておいて、理詰めで進めていくことを心がけましょう。問われたことには理由がある。その理由を探すつもりで問題を解いていくことを習慣にしたほうが、英語の実力は伸びやすいのです。

成績上位がやっている

英語の勉強習慣

# 7

英語の勉強習慣⑥

# 長文読解の手順は「使いわける」

問題を見て、本文から探す

本文を読んで、問題に取りかかる

近年、読解問題が長文化している傾向があります。実際、ある難関私立の入試の2023年度の入試では、1400語余りの長文が出題されました。そのような背景もあり、長文読解のときに文章より先に問題を見るというテクニックが推奨されることがあります。しかし私は、**受験本番では問題を先に見る手法を、普段の英語の勉強では先に本文を読む方法**をおすすめしています。

そもそも英語の読解問題では、文章で書かれていることを、自分で説明できるようになるまで理解できているかが問われます。問題を先に読んで、当てはまるものだけを本文から拾ってくる勉強法では、いつまで経ってもその力を養うことはできません。

そのため、長文読解に取り組むときは、長文から読むクセをつけてみてください。一度読んだら、問題を見たときに、もう長文に戻らなくても答えられるのが理想です。

本文から読む方法の最大のデメリットは、とにかく時間がかかることです。入試では時間に限りがあるので、本番では、問題を先に見て、答えを本文中から探していくという技術も必要になります。**入試の2～3か月前になったら、問題を先に読んで本文から探す訓練をする**ようにしましょう。

成績上位がやっている
英語の勉強習慣

8

英語の勉強習慣⑦

# 長文は正しく訳そうと思わない

英文は訳しながら読む

英文は流して読む

英語の読解問題が長文化していることは説明しましたね。1文1文ていねいに訳しながら読んでいったら、制限時間内に読み終わるはずがありません。では、どのようにして読解のスピードを上げればよいでしょうか？

ところでみなさんは、日本語の本をどうのように読んでいますか？　日本人であれば、文章を前から後ろに順に読んでいけば、自然に内容が頭に入ってきます。

一方、英語の文章を読むときは、きちんとした文章の形に訳そうとするあまり、後ろから訳していく人が多いのではないかと思います。これは、英文の構造が日本語とは異なるためです。例文を挙げてみましょう。

問　次の文章を読んでください。

In the afternoon, the old people gave us some presents. I said to them “Thank you for your nice presents. We are happy, but sad. We want to come here to talk and sing with you. But we can’t“.

この文章を和訳すると、「午後に、老人たちは私たちにいくつかのプレゼントをくれた。私は彼らに『あなたの素敵なプレントをありがとう。私たちはうれしいが、悲しいです。私たちは、ここに来てあなたと一緒に語ったり歌ったりしたいです。だけど、私たちはできません』と言った。」となります。「老人たちは私たちにいくつかのプレゼントをくれた」という部分を日本語と同じ語順にすると、「the old people／us／some presents／gave」となり、動詞が最後になります。目線を移動させながら、頭の中でこのような並べ替えをしながら訳すため、時間がかかってしまうのです。

## 求められるのは、正しい和訳ではなく理解

ここで試しに、英語の語順通りに訳してみましょう。

「午後／老人たちが／くれた／私たちに／いくつかのプレゼントを。私は／言った／彼らに／あなたの／素敵な／プレゼントを。私たちは／うれしい／だけど／悲しい。私たちは／来たかった／ここに／話しに／そして歌いに／一緒に／あなたと。しかし／

私たちは／できない。」

これでも十分に理解できるのではないでしょうか。英語の長文読解で求められることは、**文章を正しく和訳することではなく、理解できることです**。そのために、できるだけ目線の移動を少なく、前から順番に読んでいくべきです。

とはいえ、この方法に慣れるまでには時間がかかります。ただ、習慣化すれば読むスピードは格段に上がります。ぜひ、挑戦してみてください。

成績上位がやっている

英語の勉強習慣

9

英語の勉強習慣⑧

# 3回聞くサイクルをくり返す

毎日聞いて慣れる

3回リスニングでOK

毎日英語を聞くことができれば、リスニング力が向上するのは当たり前です。一方、高校受験合格のためであれば、リスニングのウェイトがそこまで大きくないことも事実ですから、そこまで時間を割けないことも理解できます。

ただなかには、英検の取得を目指している方もいるでしょう。

そこで、ここでは**同じ音源を3回リスニングする方法**を紹介します。方法は次の通りです。

1回目 そのままシンプルに問題を解きながらリスニングを聞く

2回目 解説と放送文を見ながら、意味を把握しながら聞く

3回目 すべて閉じて、1回目のように問題を解くように聞く

1回目と3回目で聞こえ方が違ってくるはずです。このようなサイクルでリスニングの勉強をしていけば、英文を正しく聞き取る力がだんだん身についてきます。

ゴールは、英語の音に慣れ、**すらすら流れてくる英語がリアルタイムで全訳できるようになる**こと。問題を解けることではないので、同じ英文を3回聞くサイクルを何度もくり返すことにも、十分に効果があります。

## 受験科目数を決めた時期

私が受験生当時は、「5科目受験と3科目受験」の2種類の受験方法がありました。今でもそういうところが多いですね。5科目受験というのは「国数英理社」の主要5科目で受験をすること、3科目受験というのは「英数国」の3科目で受験する方式のことです。

私が進学したのは慶應義塾高等学校という、国数英の3科目での受験になる高校のため、私立高校のみにフォーカスしている方は3科目をしっかりやれば合格出来る！と思っている方も多いかと思います。一方で、中学校の定期テストではもちろん理科と社会も含まれるため、『いつまで理科と社会の勉強をして、いつから理科と社会を捨てて英数国の3科目絞って学習を進めていけばいいのだろう…？』と悩む方も多いと思います。

結論から申し上げると、私は「最後まで5科目での受験」を視野に入れて学習を進めていました。なぜなら、私の第1志望である国立学芸大学附属高等学校は5科目での受験方式だったからです。

中3当時、模試の志望校には第1志望を学芸大学附属、第2志望を慶應義塾、第3志望を県立湘南にしていました。もちろん模試ごとに判定が出るのですが、ほとんど80%以上の中、一向に学芸大附属だけは50%から上がらないのです。そして夏になり、母とよく話し、その結果、学芸大附属を諦めることにしました。ただ、今まで勉強してきた理科と社会を捨てるわけにはいかない。県立も受験する。その中で最善の選択肢だったのが5科目受験でかつ、英語と数学が難しい「開成高等学校」でした。今から思えば無謀ともいえる挑戦ですね。
結局そんなこんなで5科目勉強することを選び、最後中3の夏から冬まで死にものぐるいで勉強しました。

いま塾の先生になって非常に思うことがあります。それは「自分の選択はそんなに間違ってなかった」ということです。3科目受験に絞るか絞らないか迷っている人は、5科目を一緒に勉強をしていくスタイルが一番自分の実力が伸びると思います。それよりも大切なのは、**「英語と数学の磐石な地盤をしっかりと固めておくこと」**これに尽きます。英語と数学さえ固まっていれば、中3の夏以降からでも3科目に絞った勉強に特化することができ、公立を受験する方は英語と数学を武器に、5科目受験で向かうことも可能です。一方で、英語と数学がボロボロだと3科目でも5科目でも悲惨な結果になる場合が多いです。つまり大切なのは、科目数を選ぶ時期ではなく、**中3夏までの磐石な基礎知識**、ということですね。

# 第5章

# 成績上位がやっている理科の勉強法

成績上位がやっている

理科の勉強習慣

1

# 理科はイメージが明暗を分ける教科

理科に必要な要素は、一般的に暗記と計算の2つだと言われています。ただ、突出して理科ができる人には、**理科の事象に関する説明力が桁違いに高い**という特徴があると私は思います。

理科にはいろいろな事象や法則が出てきます。その事象がどのようなしくみで起きるのか、その法則では何が示されているのかを説明できるようになるまで理解を深めることが、理科の成績を上げる最短ルートです。

## 身近な例に置き換えてイメージできる？

説明できるようになるためには、イメージする能力、つまり想像力が必要です。たとえば、小学生に「圧力って何ですか？」と聞かれたら、みなさんはどのように答えますか？　私ならばこう伝えます。

『頭の中で次のことを思い浮かべてみてください。あなたが、ある人にスニーカーで踏みつけられたとします。あくまでも想像です。本当にやってもらってはいけませんよ！

次に、同じ人にハイヒールのヒール部分で同じ場所を踏みつけられることを想像してみてください。同じ体重をかけられているのに、ハイヒールで踏まれたほうが痛いことは想像できますよね。つまり、同じ質量（体重）で踏んだとしても、力がかかる面積が小さければ小さいほど痛さが増す。この痛さが圧力の大きさになる。』

**イメージが先行することで、事象や法則について、おおよそ押さえることができ**ます。

このように理科の勉強では、頭の中でイメージしながら、身近な例で説明することができるようになることが大切になってきます。

成績上位がやっている

理科の勉強習慣

2

理科の勉強習慣①

# 問題を解いて パターンを覚える

インプット↓アウトプット

アウトプット↓インプット

教科書には、事象や法則についての簡潔かつ必要最低限の説明が書いてあります。ですから、教科書の内容を頭の中に正しくインプットできれば、入試で点数をとれるようになります。ただ多くの中学生は、教科書では理解が難しいため、わかりやすい参考書を使ったり、学習塾に通ったりしながら、インプットを補っています。そして、問題をどんどん解くことで、理科の成績をアップさせていくわけです。

つまり、入試だけに焦点をあわせるのであれば、**ひたすら問題を解いてパターンを理解するほうが早い**というのが私の持論です。この点、理科と数学は似ています。

実際に私は、塾で理科の授業を受け、定期テスト直前に対策問題集を数回解く以外に、特別な勉強をしていませんでした。

ただしインプット量が少ないため、間違える問題がかなり出てきます。そのときこそ、前節で説明したイメージ力の出番です。正解にするために必要なことを1つひとつ自分で説明できるようにすることが、理科の勉強において効果的な勉強習慣のひとつになります。

成績上位がやっている

理科の勉強習慣

# 3

## 理科の勉強習慣②

# 入試問題を想定して勉強する

入試レベルまで対策する

定期テストレベルだけで対策する

定期テストと入試では出題傾向や問題の種類が異なるため、勉強の仕方も違います。そして、特に理科や社会では、**定期テスト勉強の時点で入試を想定しておく**ことで、入試レベルの理解力を担保しておくことがとても大事になります。

たとえば、化学の定期テストで「気体の性質」が対象範囲になったとしましょう。そのとき、学校のノートやワークを見ながらテスト勉強を進める人が多いと思いますが、その時点で、「入試で同じ範囲が出題されるとしたら、どこまで理解しておけば正解できるのか」と、視座を高めて勉強を進めていくことが大切になります。

なぜなら、**理科の各単元で勉強したことは、定期テスト以降は出てこない**ことがほとんどだからです。この点が、一次方程式→二次方程式と進化しながら単元がくり返される数学とは異なる点です。

定期テストの勉強の時点で入試レベルの問題まで解けるようになっておけば、定期テストで高得点も狙え、かつ入試にも対応する力を同時に養うことができます。特に難関校を目指す人は、入試をゴールとして見据えて勉強を進めていきましょう。

成績上位がやっている
理科の勉強習慣

4

理科の勉強習慣③

# 思考力をパターン化で補う

理科の勉強法＝暗記＋理解

理科の勉強法＝理解＋パターン化

理科のテストで、満点までもうひと息という人たちは、いわゆる暗記部分に関してはすでに、合格レベルに達していると思います。たとえば、「種子植物は大きく被子植物と裸子植物に分かれること」や、それぞれの特徴を説明できると思います。ところが、覚えた知識を使った実験に関する問題になったとたんに解けなくなる人が多くなります。

この人たちに**不足しているのは、事象に対する深い理解と、事象がもたらす結果を予想する思考力**です。これを習得するためには、問題を解いてパターンに慣れるしかありません。

実験結果をもとに思考するような応用問題は、初見で解くのが難しいものです。なぜなら、自学自習などで応用問題に触れる機会が少ないからです。つまり思考力は自分で考えることでできるようにして養うのが正攻法です。

そういった応用問題は高校入試対策の問題集などにたくさん掲載されています。そのため、**いろいろなパターンの問題を解きまくることで思考力を養っていく**べきです。そういう意味では、難しい問題にも果敢にチャレンジをして、間違えたとしてもへこまない根気も必要になるといえるかもしれません。

成績上位がやっている

理科の勉強習慣

5

理科の勉強習慣④

# 暗記項目はあくまでも武器

1問1答で勉強すると合格する

1問1答でも取れるのは20点〜30点程度

特に定期テストでは、一問一答形式の問題は大きな得点源になります。たとえば、「炭酸水素ナトリウムを熱分解してできる物質を3つ挙げなさい」という問題に対し、「水と二酸化炭素と炭酸ナトリウム」という答えはパッと出てくると思いますし、「理科の実験において、比較したい材料以外の条件をすべて統一して行う実験のことをなんと言いますか」と問われたら、「対照実験」と答えることができると思います。

一方で入試では、一問一答問題を全問正解できたとしても、多くて3割程度しか得点できません。正解できた上で、**理科の事象をどのように分析するか**が問われます。つまり、対照実験という用語が問われているのではなく、対照実験で得られた結果についてどういうことが言えるのか、答えられるかどうかが重要なのです。

実際に高校入試では、**一問一答形式で問われるような用語や事象はわかっている前提で問題が構成**されています。そのため理科では、一問一答問題でパーフェクトに解答できたからと慢心してはいけません。それはただ、武器を手に入れただけのこと。その武器を使って入試問題に果敢に挑戦してみることが、理科においてとても大切な勉強習慣になります。

成績上位がやっている
理科の勉強習慣

6

# 理科の勉強習慣⑤
# レベルごとに振り返る

問題を解いてできるようにする

説明しながらできるようにする

効果的にアウトプットし、理解を深める最短ルートは、**自分で解説書をつくるようなイメージで、わかりやすく説明できるようになる**ことです。

理科では、いろいろなパターンの問題を解いていくことが大切ですが、がむしゃらに解くだけでは時間と労力がかかります。1ページ解いたら答え合わせを行い、不正解の問題を自分の言葉で解説できるようになるまで復習する。そこまでできてようやく、次の1ページを解きにいく、というサイクルを、短いスパンでくり返す習慣づけをおすすめします。

というのも、理科では中1で習う「気体の性質」が理解できていないと中2で習う「化学反応式」が理解できないように、前ページの単元ができるようになってはじめて、次の応用問題が解けるようになるというケースがかなりあるからです。

そのため、基本問題、練習問題、応用問題と一気に進めるのではなくて、**レベルごとにPDCAをくり返して**いく。そしてC（チェック）のときには、間違えた問題を頭の中で説明できるようにするというサイクルを習慣化することが、理科の勉強法においてはとても有効な手法になります。ぜひ実践してみてください。

成績上位がやっている

理科の勉強習慣

7

理科の勉強習慣⑥

# 同じ分野を続けて復習する

学年ごとに復習を進める

分野ごとに学習を進める

# 分野をまとめて復習すると効率UP

新たに中学2年生になるときには1年生で学習した内容を復習し、3年生になる場合は、1・2年の学習内容を復習するのが一般的だと思います。

実は、3年生での復習のとき、「1年の内容→2年の内容」と学年ごとに復習するのではなく、「1年の化学→2年の化学」、次に「1年の生物→2年の生物」というふうに、分野ごとに進めたほうが、効率的にインプットできます。

たとえば化学では、中学1年で「気体の性質」を勉強します。そして中学2年では1年で覚えた内容を使った「化学反応式」が出てきます。このとき、分野を問わず「1年→2年」と復習をしてしまうと、**途中でほかの分野が挟まってしまうので、連続性が絶たれ**ます。これでは、効率的な学習とはいえませんよね。

化学であれば、まず「気体の性質」に関連する分野だけを進め、その後2年間の内容を一気に復習する、生物、地学、物理でも同様に進める。このように、高学年になるほど分野をまとめて復習したほうが、理科の理解力は大幅に上がります。

成績上位がやっている
理科の勉強習慣

# 8

## 理科の勉強習慣⑦

# 勉強しなくても理科の成績は伸びる？

普段、理科の勉強をさほどしていなくても、半年間で大きく点数を伸ばせるでしょうか？　結論を先にいうと、**偏差値60台までは比較的簡単に伸ばせますが、県立トップ校を狙う場合は、半年間では期間として短い**です。

これは、私がいままでたくさんの生徒を見てきた実感です。偏差値60台とは、内申点オール4程度で合格ができる、各都道府県の準トップ校といわれる学校です。このレベルまでは、半年間しっかりと勉強していれば成績を伸ばすことができる可能性は十分あります。

一方で、半年間で伸ばせるのは、基本的な用語を覚え、基礎問題を取れる程度にとどまります。入試の点数でいえば70～80点レベルであれば半年間で実現可能です。

それより高いレベルを求められる高難度の計算や、表を読みとった上で思考をしなければならない応用問題を解く力を半年間で伸ばすことは、容易ではありません。**半年以上かけてたくさんの問題を解き、1つずつ自分の中で応用問題をできるようにしていかないと、理科でトップレベルの成績をとるのは難しい**でしょう。

## 90点レベルの実力があれば、半年間でも可能！

ただ、これまで理科の定期テストで継続的に80点台を出せている人であれば、半年間でトップレベルに達するのは、そこまで難しくないと思います。そういう人たちは、中学1年からの定期テスト範囲内の勉強はできており、知識のインプットは十分できています。そこから先はいかに「入試に対応できる実力」をつけていけるかどうかです。

そのためには、これまで紹介してきた①～⑥の勉強習慣を1つずつ身につけていくことが、とても大切になります。

## 長期休みの学習法と勉強密度

夏休みなどの長期休みは多くの時間を有効活用できる最大のチャンスだと思います。ここでは私が実際に進めていた受験までの1日スケジュールと、塾の講師として推奨する1日のスケジュールについてお話していきます。

| 中2までのスケジュール | 中3のスケジュール |
|---|---|
| 6:30 起床 | 6:30 起床 |
| ～7:30 朝ごはん・支度・母親見送り | ～7:30 朝ごはん・支度・母親見送り |
| ～10:30 テレビを見たりゆっくりしたり… | ～10:30 塾の宿題・塾テスト対策 |
| 11:00～12:00 お昼ご飯(祖父母宅にて) | 11:00～12:00 お昼ご飯(祖父母宅にて) |
| 12:00～13:00 塾へ | 12:00～13:00 塾へ |
| 13:00～18:00 塾で自習 | 13:30～17:00 授業 |
| | 17:00～18:00 休憩・塾テスト対策 (自習) |
| 18:30～21:30 授業 | 18:30～21:30 授業 |
| 22:50 帰宅→就寝 | 22:50 帰宅→就寝 |

私は塾以外での勉強や追加の自習などは一切やっておらず、とにかく塾の確認テストだけを満点になるように全力を捧げていたので、テスト勉強に関してはかなりの時間を要した記憶があります。

この長期休みで一番良かったことは朝も引き続き学校に行くのと変わらない普段通りの時刻に起きていたことだと思います。私の母親が平日仕事をしていたこともあり、朝の6時半になると必ず叩き起こされる毎日でした(笑)。遊ぶにしろ勉強にしろ、午前中の時間を有意義に使えたことが大きかったなと感じます。

そして、塾の講師となり、生徒を見ていて「受験に成功しやすいタイプ」となる長期休みの計画は、以下の項目を遵守した方が上手くいくと考えています。

・適度な休憩はちゃんととること
・“罪悪感のない”スケジュール立てを行うこと
・塾からの課題と学校の宿題だけは絶対に手を抜くな
・学校の宿題は、隙間時間に終わらせること

少なくとも長期休みの間に蓄えておくべきなのは「勉強体力」と「習慣」の二つに限ると思います。その二つを伸ばしておくことで後々の結果に繋がりやすく、受験への足掛かりとなるわけです。

# 第6章

# 成績上位がやっている
# 社会の勉強法

成績上位がやっている
社会の勉強習慣

# 1

# 歴史は映画化しろ、地理はソアリンに乗れ、公民は国を作れ

## 3科目の勉強を身近な例にたとえると……

中学社会には、歴史、地理、公民の3科目がありますね。ここでは、それぞれの特徴と学習の指針を紹介します。

まずは歴史です。歴史の勉強は、年号を覚えることが最優先ではありません。**すべての歴史上のできごとには原因と結果、その後の影響があり、ほかのできごとと繋がり合って**います。そのため、歴史の「つながり・流れ」を把握しながら勉強を進める

ほうが、歴史の力が身につきやすくなります。

私自身、社会はあまり得意ではなく、年号や用語をひたすら暗記して、できごとを年代順に並び替えながら、歴史の試験にのぞんでいました。その結果、公立入試は9割以上対応できたのですが、難関国私立校の受験ではあまり通用しませんでした。

また、**難関校の受験では高校の日本史・世界史の内容にまで踏み込んで出題されることが多い**ため、覚えなければいけない用語や年号の量は膨大で、暗記だけに頼るのは無理があります。そのかわり、流れに沿ってつかんでいくと、年号を覚えていなくてもできごとを順番に並べ替えられたり、用語が自然に頭に浮かんできたりします。たとえばある戦争の場合、戦わなければならない状況に陥った理由や戦後の影響、結ばれた条約になぜそういった条項があるのかということなどです。

## 歴史を物語形式で説明できる？

くり返しになりますが、歴史は1つの線でつながっています。しかも1つの歴史上のできごとは、5～10年、そして100年のスパンで影響を波及させていきます。このつながりや広がりを把握するためには、俯瞰する（高いところから全体を把握する）視点が必要になります。そして歴史を物語形式で説明できるようになると、俯瞰ができるようになります。

## その土地にはどんな人が住んでいるんだろう？

地理では、世界各国、各都道府県の特徴を押さえる必要があります。ところでみなさんは、**東京ディズニーシーにあるソアリン：ファンタスティック・フライト**に乗ったことはありますか？　ソアリンは世界中の名所の上空を飛ぶ体験ができるアトラクションです。3D画面を通して目で見るだけでなく、音や匂いも体感することができます。

地理の勉強でも同じように、**世界中の国や日本の各地にどんな特徴があって、人々はどんな暮らしをしているのかを想像**し、まるでソアリンに乗って旅をしているかのように各地の特徴を吸収していくと効果的です。

## どうしたら住みやすい国ができる？

中学校3年ではじめて習う公民は、大きく政治分野と経済分野にわかれます。いずれも**日本という国の仕組みを学ぶ分野**になります。そのため、「自分で国をつくるとしたら、どんなところに気を付けて取り組んでいけばよいのか」「こういうことに注力すれば、住みやすい国づくりができるんだ」という視点をもって学習に取り組んでいくと、公民学習は暗記から理解に変わります。たとえ空想だとしても、自分の国を作れるなんて、楽しいと思いませんか？

そしてその上で、テストに出てきやすい用語を1つひとつ吸収していけば、公民の成績は確実にアップしていきます。

ここまで説明した各分野をさらに掘り下げて次の節から説明していきます。

成績上位がやっている

社会の勉強習慣

2

社会の勉強習慣①

# 歴史はエンタメでイメージをつかむ

歴史は授業内容を暗記して学べ

歴史は授業内容をマンガor映画で吸収しろ

歴史の授業内容を一言一句覚えれば、入試で合格する力は身につきます。しかし、歴史学習のゴールは中学校ではありません。中学校の歴史の内容は浅く、高校の日本史や世界史を通して、深い内容を学んでいくわけです。高校の歴史が嫌いにならないためにも、このことをあらかじめ念頭に置いておきましょう。

さて、前節で「歴史を物語形式で説明できるようになること」が大切だと説明しました。おすすめの勉強法は、**授業で習った内容に関するマンガや映画を見て、世界観を広げていく**方法です。

たとえば江戸時代の授業後には、江戸時代を背景にしたマンガや映画を見ましょう。もちろんマンガや映画はあくまでもフィクション（架空の物語）ですので、事実とは異なるストーリーも多々あります。それはそれで、塾の授業で習った内容で補正していけばよいのです。それよりも、「江戸時代ってこんな時代だったんだ」と**おおよそのイメージをつかむことが肝心**で、それだけでも歴史の理解は深まります。同じ目的で、歴史をテーマにしたゲームを使ってもよいと思います。つまり、座学以外で歴史の内容を押さえられる環境をつくることが大切だということです。

成績上位がやっている
社会の勉強習慣

# 3

社会の勉強習慣②

# 歴史は入試対策の問題集を使う

定期テストの学習は、定期テストのためにに行う

定期テストの学習でも
入試を意識した学習まで深くやる

## 一度学んだ単元はくり返されない

ここで紹介する勉強法は、前章の理科の勉強習慣②とほぼ同じ内容です。理科と同じように歴史でも、**一度学習した単元が再び授業で取り上げられることはありません。**中学1年で飛鳥時代や平安時代の歴史を習ったら中学校3年生の入試間近の時期まで触れることはないですし、江戸時代や明治に関しても、2年の終わり、または3年のはじめに習ったら、イチからインプットすることはもうないわけです。

つまり、1回の授業、1回のインプットのタイミングで、どれだけ多くの情報を頭に入れることができるのかで、歴史の結果が大きく左右します。そのため、定期テストの勉強のときに、学校や塾のノート、ワークだけで終わらせるのではなく、**実際に入試で出される問題まで意識した問題集やテストプリントなどを使って**、学習を進めていくことがとても大事になります。

定期テストでは出題されないけれど、入試ではよく出される問題として、時代別の並べ替え問題というのがあります。一例を挙げてみます。

問　以下のA～Dのできごとを、年代の古い順に並び替えなさい。
（1）A学制が交付される　B五箇条の御誓文が出される　C地租が地価の2・5％と定められる　D地租が地価の3％と定められる
（2）A唐の長安をモデルに平城京がつくられる　B大陸からナウマンゾウがやってくる　C日本に仏教が伝わる　D日本に稲作が伝わる

（1）は明治初期の政治に関する問題、（2）は古代に大陸から伝わったものに関する問題です。正しい順番に並び替えることができますか？　答えは、（1）BADC（2）BDCAです。地租が地価の2・5％と定められた年を覚えている人は少ないでしょうし、日本に稲作が伝わった正確な年はわかっていません。起こったできごとを1つの流れの中で理解しておかないと、こういった問題には対応できません。
そのためには、普段の学習で基本を押さえることはもちろん、こういった入試に出てくるような並び替え問題に対応できるようになるまで、**入試対策の問題集を使って学習を進めていくこと**が大切なポイントになります。

〈解説〉

（1）五箇条の御誓文は、明治時代の最初に政治の方針を宣言したものであるため、Bが最初にきます。Aは学制、CとDは地租改正に関する内容です。地租改正では、はじめは地価の3％を地租として定めていましたが、江戸時代と変わらない税負担であったために反対の一揆が起き、4年後に2・5％に下げられました。

（2）ナウマンゾウがやってきたのは氷河期で、日本と大陸が陸続きだった旧石器時代。仏教が伝わったのは渡来人による功績で、古墳時代のできごとです。

成績上位がやっている

社会の勉強習慣

4

社会の勉強習慣③

# 地理では興味関心を駆り立てる

各国の特徴を正確に捉える分野。覚えたもん勝ち

世界中の国を旅する分野。楽しんだもの勝ち

地理でも暗記は重要な役割を占めます。ただ一方で、地理の学習が得意な人には、暗記量の多さ以外にも特徴があると私は思います。それは、**地理について詳しく知ろうとする気持ちが他の人に比べて格段に高い**ことです。

たとえば世界地理であれば、イスラム教の国々の特徴を教わったとき、「どうしてイスラム教は中東で広まったんだろう?」「どうして豚肉を食べてはいけないんだろう?」と、常に「?」が頭の中に思い浮かぶので、自発的に調べるきっかけになります。勉強だからやっているという感じがないのです。

これは日本地理についても同様です。

かくいう私は中学生当時、試験で点数をとるためにひたすら戦っていました。ただ、学習塾に通える環境だったので、授業中にいろいろな豆知識を受動的に教えてもらうことで、興味関心を駆り立ててもらった経験があります。

学習塾に通っている人であれば、社会の先生がマメ知識のように教えてくれることもありますが、自学自習をしている人たちは、**映像授業を受けたり、各国の映像を動画サイトを使い見たりすることで吸収する**のがいちばんいいと思います。

成績上位がやっている
社会の勉強習慣

# 5

社会の勉強習慣④

# 地理では1日の暗記量を欲張らない

アウトプットの量と学力は比例する

1枚ずつ暗記したもの勝ち

ここで間違えてほしくないのは、問題を解いたら解いただけ、当然ですが学力は上がります。ただし**地理においては、アウトプットするだけでは英単語と同様で効率が悪い**というのがポイントです。問題をやみくもに解けばいいというわけではありません。

地理には暗記しなければならないことがたくさんあります。日々の暗記量を調節することで、社会の学力を飛躍的に上げることができます。裏技を紹介しましょう。

①覚えたい問題集の該当ページを、1ページにつき4〜5枚コピーする。
②はじめに解答を見て、1枚目に答えをすべて赤で書き込む。
③赤字でいっぱいのプリントが、高得点をとるための理想の答案になる。その答案を声に出して何度も読み上げたり、机や壁に貼ったりしてそのまま頭に入れる。
④即答できるようになったら、最初にコピーをした予備プリントを使い、すらすらと答えが書けるようになるまで、ひたすら書き込む。

これを**1ページずつ細切れに**進めます。一度に多くの情報を取り入れようとしても限界があるため、**細切れにしていく方法のほうが効率的**なのです。これは歴史や公民にもいえます。社会は1日や2日で学力が伸びる教科ではないことがわかりますね。

成績上位がやっている

社会の勉強習慣

# 6

社会の勉強習慣⑤

## 公民では応用問題は出ないけど……

公民で点数が伸びないのは、公民の学習が足りないから

公民で点数が伸びないのは、地理と歴史の学習が足りないから

公民は中学校3年でのみ学習する科目であり、学年末まで勉強し続けます。そのため特に**県立高校の入試では、公民で深掘りされた問題が出てくることはあまりありません**。太字部分を中心に教科書の内容を暗記すれば、十分に満点を狙えます。

ただし、気をつけなければならないのは、歴史や地理との融合問題が出てきやすいという点です。公民では時代背景も鑑みながら解く問題がほとんどで、いままで習ってきた歴史や地理の知識を使わなければなりません。例題を紹介します。

問1　消費者基本法の内容として正しいのはどれか。次のア）～エ）から1つ選び、記号で答えなさい。

ア）一部の企業が市場を独占しないよう、公正取引委員会を設置すること。
イ）商品の欠陥により損害が生じた場合には、製造者が責任を負うことを義務付けること。
ウ）複数の省庁に置かれていた消費者行政を1つにまとめ、消費者庁を設置すること。
エ）国や地方公共団体が情報公開を積極的に行い、消費者の自立を支援すること。

問2　消費者を守るためにアメリカでケネディ大統領により提唱された消費者の4つの権利主張があるが、それと同時期に起こったできごとを、次のア）～エ）から1つ選び、記号で答えなさい。

ア）朝鮮戦争が起こった。
イ）東京オリンピック開催に向けて新幹線などが整備された。
ウ）阪神・淡路大震災が起こった。
エ）日中平和条約が結ばれた。

問1：ア）は独占禁止法に関する記述、イ）は製造物責任法に関する記述です。これはそれぞれ独占禁止法、製造物責任法、消費者基本法とは何かをしっかりと理解していれば、そこまで難しくないはずです。答えはエ）です。
問2：ケネディ大統領の演説は1962年。その前後に起きたできごとを探す問題です。ア）は1950年、イ）は1963年頃、ウ）は1995年、エ）は1978年なので、最も近いイ）が答えになります。

## 公民には歴史や地理の知識が必要

このように公民では、1つの用語についての概要だけでなく、その前後の流れもあわせて説明できる力が必要とされます。

公民の分野で点数をとれない上位層は、実は公民に原因があるわけではなく、**歴史や地理の理解が甘いことが原因になっている**場合がほとんどです。1問1答問題で重要用語を徹底的に暗記するだけでなく、歴史と地理の勉強に立ち返って復習する必要が出てきます。見方を変えると、歴史と地理が十分にインプットできていれば、公民を恐れる必要はありません。

成績上位がやっている
社会の勉強習慣

# 7

社会の勉強習慣⑥

## 効率的な暗記のサイクルをまわす

暗記はしっかりと時間をかけて行う

ポモドーロテクニック＋エビングハウスの忘却曲線

社会には、どの分野にも暗記しなければならないことがたくさんあります。私がおすすめする暗記法は、①短時間で集中的に覚える、②1日で一気に覚える、③1週間ごとに行う。この3つのサイクルをまわすことです。

①短時間で集中的に覚える方法として、**「ポモドーロテクニック」**があります。これは、**短い集中時間を設け、そのあとに小休憩を入れる。**これを交互に繰り返すことで効率的な勉強をうながすという手法です。

たとえば江戸時代の文化を学ぶとしましょう。江戸の文化には主に元禄文化と化政文化があります。ポモドーロテクニックを使う場合、まず20分で元禄文化の文学作品名だけを覚えます。そのあと5分間休憩したのちに、今度は元禄文化の絵画作品名など、それ以外の分野について吸収をしていく……。これをくり返します。

社会では暗記しなければいけないものが日々増えていくうえ、一度に覚えられる量には限界があります。だからこそ、一気にすべてを覚えようとするのではなくて、少ない量を短期集中で覚えることがとても大切になります。

ちなみに、「ポモドーロ」とはイタリア語でトマトのことで、このテクニックはイタリアでよく使われているトマト型のキッチンタイマーから名づけられました。

## 時間とともに忘れていくのは避けられない

②1日で一気に覚える、③1週間ごとに行うは、**「エビングハウスの忘却曲線」**に基づいた覚え方です。エビングハウスの忘却曲線はドイツの心理学者が提唱した、人間の記憶に関する研究結果です。この結果（図を参照）を見ると、人間は「時間が経つほど忘れてしまう」ということがわかります。

**人間は1日目にやったことの多くを翌日には忘れてしまい、そして2日後にはさらに多くのことを忘れてしまうことがあります。**その事実を受け止め、1日目に覚えるだけ覚える、そして2日目にチェックして何%覚えているかを確かめたうえで、改めてすべて復習する。これをくり返していくと、3日目、4日目頃には、**暗記にかける時間が半分くらいで済むようになって**いきます。

このときにいちばん大変なのは1日目です。初日でどれだけ多くのことを覚えられるかどうかが、暗記の総量にかかわってきます。意外と根気と体力を使っていくので、ポモドーロテクニックを使いながら、根気強く暗記を進めていきましょう。

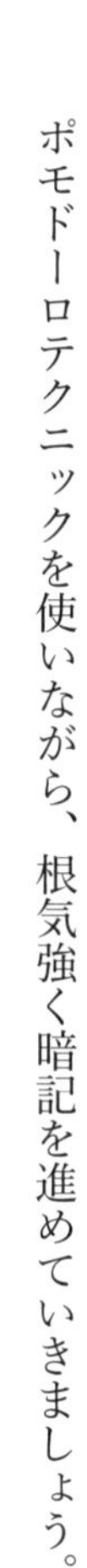

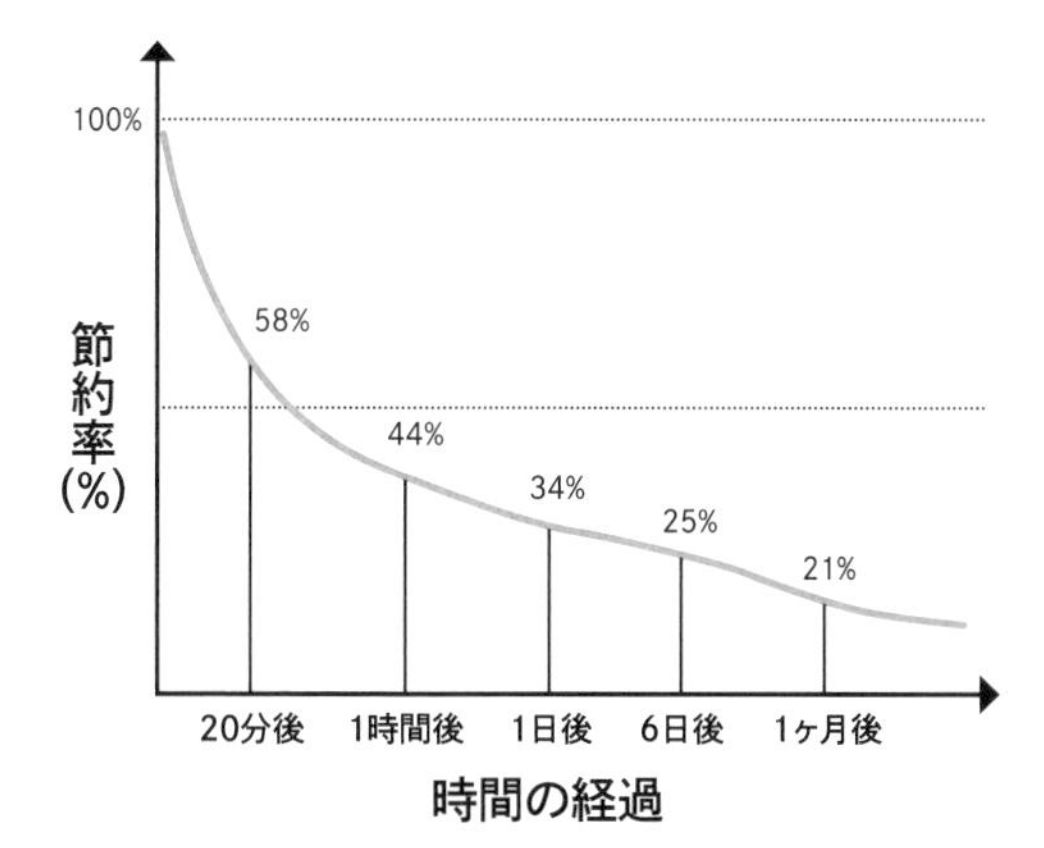


「節約率」とは、時間の経過とともに「どのくらいの記憶が失われているか」ではなく、その知識を再び学ぶときに「どのくらい時間を節約することができるか」を指します。たとえば、1回目の暗記に20分かかったとしたら、20分後に覚え直す場合は、20分の58%節約できる、つまり8.4分で同じ内容を覚えることができるということです。

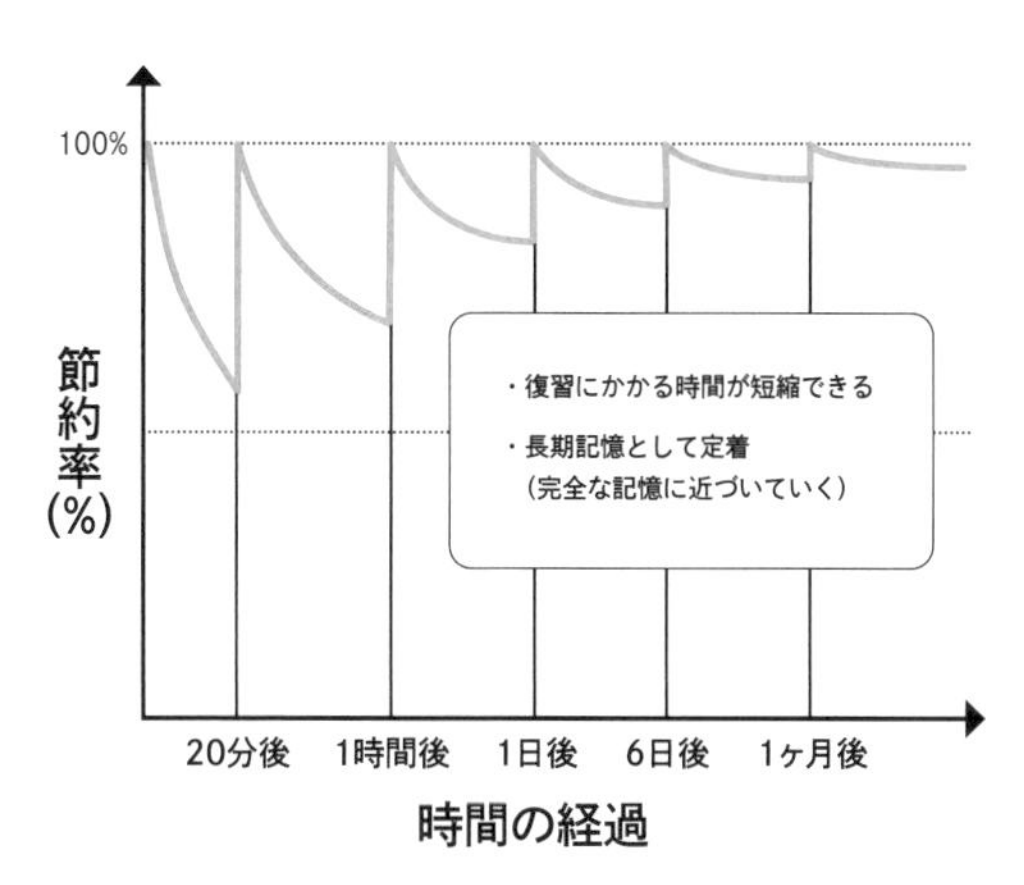


節約率は日ごとに下がってきますので、大きく下がる前に復習をすることで、知識の定着をはかることができます。

## 受験当時、母がしてくれていたサポート

私が受験生だった頃、母にしてもらったサポートについてお話します。正直、母のサポートなしでは合格は難しかったと思います。当時は全く感謝の気持ちを感じることはなくすごくわがままな少年だったかと思いますが…笑。　特に英検2級合格・内申点を併願基準の最低点を確保（中3当時は43点/45点）することができたことは大きかったです。では、具体的にどのようなサポートをしてもらっていたのかというと

・朝食/夕食の管理
・早起きの習慣
・定期テストの理科/社会のテスト対策問題集購入
・教科書の黒塗りつぶし
・英検の英単語暗記サポート
・塾の送り迎え

が一番印象に残っています。

まず1つ目の食事の管理に関しては、母がどんなに忙しくても叩き起こしてくれ、朝食を3年間欠かしたことはなく、今大人になり朝食の大切さを改めて身に染みて感じています（笑）。そして特によかったなと思うことが、朝起きた時に「母が不機嫌でなかったこと」です。1日の朝が不安に駆られることはほとんどなく、思春期で不安定な時期を我慢して毎朝元気に起こしてくれていました。これは私にとってすごく大きかったと感じます。これ、子どもにとってはすごくすごくすごーく大切なことだと講師になってから改めて感じます。時にイライラするときもあるかと思いますが……グッとこらえて明るく振る舞うと、子どもに対してもいい影響があることは間違いありません。また夕食に関しても、平日は学校から隣駅にある学習塾に直行していたため、夕食を買う時間もお金もなく、当時母親に持ってきてもらっていました。18:00になると毎回お弁当を持って来校し、私を呼んでお弁当を届けてくれた時にがんばれと声をかけてくれたことも、受験生当時の私にとっては非常に励みになった思い出があります。

勉強面でのサポートに関してですが、正直に言うとここには書けないほどたくさんのサポートを母から受けました。

そんなサポートのおかげで定期テストも5科目460点を1度も下回ったこともなく、無事に志望校にも合格できたことからも、母のサポートあっての受験だな…と感じます。

# 第7章

# 受験への意識と保護者のサポート

受験への意識と
保護者のサポート

# 1

## 受験への意識①

# 受験はあくまでも通過点

## 失敗しても、やり直すことができる!

お子さんはいま、受験勉強の真っ最中だと思います。「人生がかかっている」くらいの気構えでもってのぞんでいるかもしれません。

ただ、ここでみなさんにお伝えしたいのは、たとえ**高校受験に失敗しても、3年後に再チャレンジをする機会が全員に平等にある**ということです。そのチャンスとは、大学受験です。

第1志望の高校に合格しなかったとしても、3年後に第1志望の大学に合格できれば、そこで理想に追いつくことができますよね。受験生のみなさんには、それくらいの心の余裕をもって、勉強にのぞんでほしいと思います。

## 中学入学当時の自分と比べてみる

人生100年時代と言われています。高校生になった時点で、お子さんの人生にはあと85年残されています。いままで生きてきた人生の5倍以上もあります。やり直すことは十分可能。高校受験は、長い人生の中の1つの通過点にすぎません。

しかも、お子さんはこれまでも、相当な努力をしてきたはず。中学校入学当時の自分と比べさせてみてください。学力も人間性も、かなり成長したと思えるのではないでしょうか？　その自信を胸に、突き進んでいけるように、励ましてあげてください。

勝負はここからです！

受験への意識と保護者のサポート

# 2

受験への意識②

# 受験校は理想から現実へ

志望校は中3になったら決める

志望校は「中1：理想で1校、中2：理想で3校、中3で現実3校」がベスト

高校受験のシーズンが近づくと、受験生には自分の将来を見つめ直す機会が必ずやってきます。そのときに軸になるのが、「どの高校に行きたいのか」という問いです。進学したい高校をどのようにして決めればよいのかがわからない人のために、ここで「志望校を決めるコツ」を紹介します。

自分が進むべき高校を決めるときの要素は、次の7つです。

1. 合格可能性（自分の実力と比較した場合）
2. 自由度（校則・科目選択の自由度）
3. 人（雰囲気）
4. 立地環境／設備投資力（通学距離も含む）
5. ブランド・制服・知名度
6. 合格実績／進路（就職）実績（大学受験への負担度も含む）
7. 学費（大学受験のための学習塾も含む）

## 7つの要素それぞれを5ランクに分ける

理想の高校生活を謳歌するために必要な7つの要素に優先順位をつけて並べ替え、高校ごとにそれぞれの要素でS（理想）、A、B、C、F（除外）とランクづけします。Sが5ポイント、Aが3ポイント、Bが2ポイント、Cが1ポイント、Fがマイナス3ポイントというふうにして、高校ごとに合計ポイントを計算してみてください。Fが1つついた時点でその高校は避けてもよいかもしれません。

**このように数値化すると、自分にとって理想に近い高校像が浮かび上がって**きます。

その上で、志望校を決定していくことが大切です。

## 1年・2年次は理想を思い描く

ここからが本題です。志望校を決める時期については、

・中1と中2……志望校リサーチの時期
・中3……志望校を絞る時期

になります。

目的意識が芽生えると自然に学習時間が増えますし、自分ごととしてとらえる中学生が多くなります。ですから、志望校決定は早いに越したことはありません。

ただし、冒頭に「理想」と「現実」と掲げたように、**中1・中2の間は、志望校を決める7つの要素のうち、1つ目の「合格可能性」という部分を度外視**して考えても差し支えありません。この期間は、現実的に判断するのではなく、自分が将来どんな姿になりたいのかという理想の高校生像を思い描くことが大切です。

お子さんには、3年後（2年後）の姿と照らし合わせながら、いろいろな学校の情報を見て、綿密に計画させてみてください。

そうすると、かなり的が絞れてくるはずです。

# 受験への意識③
# 環境づくりをサポート

周りとの差を基準に考える

自分の成長を常に心に留めておく

# 努力は誰のためのもの？

中学3年の受験直前期になると、子どもは周りの学習スピードと比べるようになり「勉強の才能がないな……」「なぜあの子はこんなにテストの点数が取れるんだろう？」など、不安と焦燥に駆られる瞬間が増えてくると思います。確かに、受験直前の勉強の追い上げは凄まじく、学校や塾だけでなく家庭でも、緊迫感が増して殺伐とした雰囲気になることがあります。

ただ、そんな受験期においても、絶対に欠かしてはいけないことが1つあります。それは、**「努力は自分のためにするものであり、周りのためにするものではない」と強く信じること**です。

特に、日々の生活の中で勉強が大きな比重を占めている人ほど、この信念を大切にしなければなりません。なぜなら、そういうタイプの人は周りとの差にあせり、集中力が低下した結果、最大パフォーマンスを発揮できない傾向にあるからです。

## 環境づくりも本人がやるべきこと

受験生は抱える学習タスクが多く、精神的に追い込まれがちです。頑張れば頑張るほど負担が蓄積し、放っておくと大爆発しかねません。そのため、適度な息抜きは絶対に必要です。そういう意味で、**自分の心持ち（精神状況）が受験合格を左右する**といっても過言ではありません。

何よりも受験する本人が、勉強以外の人間関係や周りからのプレッシャーを発散できる環境をどれだけ用意できるのかが非常に大切な要素になります。保護者はそのサポートをしてあげるようにしましょう。

## 自分の成長の跡を振り返る

周りとの差に圧倒されて今やるべきことがわからなくなり、道に迷うという症状は、本書の冒頭で述べた「勉強ができる人の3タイプ」で分類した中の〝努力遂行型〟に多く見られます。

努力遂行型の人は、周りの目をいかに「気にしない」状況をつくれるのかが大切です。そのような状況に陥ったときは、**〝1年前の同時期の自分〟と比べて**みてください。かなり進化していませんか？

中1から中2の1年間とは比べものにならないくらい、自制心も自己管理能力も努力量も増えていると思います。それこそが、この1年間積み上げてきた「自分の受験への意識」なのです。焦ることはありません。この1年間でしっかりと成長できていることを、自分に自覚させてあげましょう。

堂々と胸を張って、自分を信じて合格に必要なものを1つずつ身につけていくようにうながしてください。これから必ず、お子さんの能力は伸びていきます。

受験への意識④

# 直前の勉強は ゲーム感覚で

ひたすら問題演習をこなす

すべての問題をテストにする

受験直前期は、メンタルの状態があまりよくない時期が続き、勉強が苦しいものになりがちです。どんな問題を解いても難しく感じ、自分の中で焦りだけが先行し、受験に対してネガティブな感情を抱くことも多々あります。実際、私もそうでした（笑）。ただ、**テスト方式を採用すると、途端に勉強がゲームのようになる**のです。苦手分野の問題もあると思いますが、テスト形式で問題に取り組むと「点数を稼ごう」という意識になるため、少なくとも自分の得点源を落とさなくなります。

また、点数を落とした問題は注意して振り返りを行うようになり、「得点が取れる問題を確実にものにする練習」を行い、得点が取れない問題をきちんと把握し、振り返りを行うきっかけを作ることができます。

ここで大切なのは、「時間を計ること」です。制限時間を設けるのではありません。**問題に取り組むときに、スタートしてからどのくらいの時間がかかったのかを計る**のです。そうすると、自分が問題を解くスピードを肌感覚でつかむことができます。この訓練をしていると、実際の試験での時間配分を容易にイメージすることができるので、とてもおすすめです。

受験への意識と
保護者のサポート

5

受験への意識⑤

# 勉強以外の悩みを相談する

自分の進路は自分で決める

迷ったらその都度聞く

高校受験が初めての受験だという人は、勉強方法や受験への心構え、志望校の選択方法がわからないこともあるでしょう。身近に相談できる人がおらず、自分で抱え込んでしまいがちです。そして、保護者や先生ではなく、SNSで活動する人にメッセージを送る人が多い印象を受けます。実際に、私の元にもメッセージが届きます。

ただ私たちは、みなさんがどんな悩みを抱えていて、どんな状況で学習を進めているのかなどを完全に把握できないことが多く、それぞれに合わせたアドバイスをするのが難しいという側面があります。さらにSNSで知らない人に相談するのは危険な行為です。本当は、身近にいる先生に相談し、勉強に関する悩みをゼロに近づけるのがいちばんです。一方で、受験合格においてそれ以上に大切なのは**「勉強以外の悩みを極力なくすこと」**にあります。勉強に集中できる環境を構築するためです。人間関係や恋愛、家の手伝いやその他の個人的な悩みなどを一人で抱え込むと、勉強が手につかず、すべてが悪い方向にいきかねません。それらを払拭するために、**常に安心して相談できる相手を必ず作って**おきましょう。保護者では気恥ずかしいなら、友だちでも先輩でもいいと思います。

受験への意識と
保護者のサポート

6

受験への意識⑥

# 計画性と戦略を大事にする

とりあえずどんどん進める

まず目標を数値化する

受験はマラソンと同じです。中学校3年間の成果を、たった1日の受験本番で発揮しなければなりません。そのため受験は、「計画力」と「実行力」で9割が決まるといっても過言ではありません。

では、その計画と実行をどう定めていけばよいのでしょうか？　次の手順で進めてみてください。

長期的目標を決めるときは、実際に**学校の授業の進度の3単元先を勉強するように目標に設定**するとよいでしょう。

次に、長期的目標にもとづいて、1週間ごとの短期目標を決めます。これは、進度の目標というよりも、単元ごとの達成度を目標に設定するイメージです。たとえば、今週は図形の証明をやることになっている場合、「学校のワークの図形の証明を2周する」「図形の証明のテストで90点とる」というように、**目標を数値化**するのです。

このように、長期的目標を設定したうえで、数値化した短期目標を設定し、その目標を到達するために必要な勉強量や勉強時間を決めてみてください。やるべきことを細分化してPDCAをまわしていくと、スムーズに実行できるようになるものです。

7

## 保護者ができるサポート①
# 保護者の言葉遣い

保護者のみなさんの中には、お仕事をされている方も多いと思います。はじめての仕事相手と話したとき、次のような思いを抱いたことはありませんか？

「あ、5分話しただけだけど、たぶんこの人はいい人だ」

人の性格の良し悪しは言葉遣いを聞けば明らかで、高確率でその予想が当たるという経験がありませんか？　**人間の心理や行動指針と「言葉の使いかた」にはかなり相関があり、**言葉の持つ力はかなり大きいといえます。

これは子育てにおいても同様で、実際に、保護者の言葉遣いが子どもにかなり伝染しています。特に、無意識に子どもにかけてしまうことがよくある「決めつけの言葉」は要注意です。決めつけの言葉は、くり返されることで影響力が増し、強力な〝暗示〟となって子どもの行動や振る舞いを大きく左右してしまいます。

発する言葉の種類によって、「伸びる子になるか、伸びない子になるか」が決まってしまうのです。

## 保護者のネガティブな言葉が子どもに影響

生徒を指導していて、日頃とても気になっていることがあります。それは、**成績の伸びない生徒ほどネガティブな言葉を使っている**ということです。「自分はバカだから」「私は記憶力が悪い」「勉強は嫌い！」「算数は苦手」「やりたくない」「うざい」「むかつく」「だるい」など、これらの言葉が日常会話に自然に入り込んでいます。

このような発言をする生徒は、ネガティブ発言が長年の口癖になってしまっているため、「そんなことを言わずに、とにかくやれ！」とか、「頑張れ！」といった精神論的な励ましの言葉をかけても、変わることがなかなかできません。3ヶ月〜半年といった長い時間をかけてマイナスイメージを一切口にしないことを癖づけていかないと、払拭できないのです。

さらに怖いことに、子どもが目の前にいる3者面談のときなどに、保護者の口から子どもを卑下するようなネガティブ発言が目立つケースも多いのです。

保護者が子どもの前で口にする発言の「マイナスレベル」が大きければ大きいほど、子どももそれに応じて「マイナスレベル」が大きくなり、学力にも大きく影響してくると感じます。

こんな実例があります。それは保護者面談をしていたときでした。

ラオ先生：○○さん（生徒）は、英語の成績がほかの教科に比べ低いようです。ご家庭ではどのような様子ですか?

保護者：ええ。○○は小学校の頃からできるようになるまでに時間がかかる子でして。中学に上がってから英語の授業が難しいらしく……。英語は家で勉強しませんね。私も英語は嫌いだったので、遺伝なんですかね（笑）。

ラオ先生：○○さんは、よく「英語は嫌い！」という言葉を発していますが、家でもそのような発言はあるのですか？

保護者：テスト前になるといつも言っています。私もそうだったので、気持ちはわかります。それではいけないとも思っているのですが……。

三者面談をしていると、話し方やしぐさ、言葉の選択や価値観が親子でよく似ているという印象を持つことがよくあります。特に、子どもが普段使っている言葉遣いは、保護者が使っている言葉遣いとほぼ同じです。本当に（笑）！

保護者と講師の「大人のみ」の面談では、課題と感じていることなど、リアルにネガティブな内容を話していただくのは問題ないですし、必要なことでもあります。一方で、**子どもが同席している三者面談の場や、子どもに声がけする場面では、絶対にネガティブ発言を口にしないと**心に誓ってみてください。子どもは親のうつし鏡とも言われます。ですから、ご家庭でも心がけていただければ幸いです。

# 8

## 保護者ができるサポート②

# 「ダメ・無理」は禁止ワード

保護者がよく口にする言葉の中には、子どもに対して強い心理ストレスを与えるものがいくつかあります。そのストレスが子どもにとってよい影響を与えることもあれば、ネガティブに働くこともあります。

特に言ってはいけない言葉が、「それはやっちゃダメ」や「できないでしょ」「それは無理」などの**強い禁止・抑制・否定の表現**です。

確かに「ダメ」や「無理」といった言葉はひとことで子どもの言動を制限できてとても便利ですが、そのような表現は子どもの心に深く刺さるものであり、繰り返し使うことで本人がネガティブな感情に陥ることが多々あります。

そして、そのような環境のもとで育った子どもは自己肯定感が低く、大人になったときに自己解決能力が足りない子どもになりやすい傾向があります。

## 人間の欲求は5段階の階層構造

ここで、アメリカの心理学者が提唱した「欲求5段解説」を紹介します。アブラハム・ハロルド・マズローの有名な理論で、「人間の欲求は5段階のピラミッドのように構成されていて、最も低い階層の欲求が満たされるとさらに上の欲求を満たそうとし、次第により高い段階の欲求を満たそうとしていく」という考え方です。

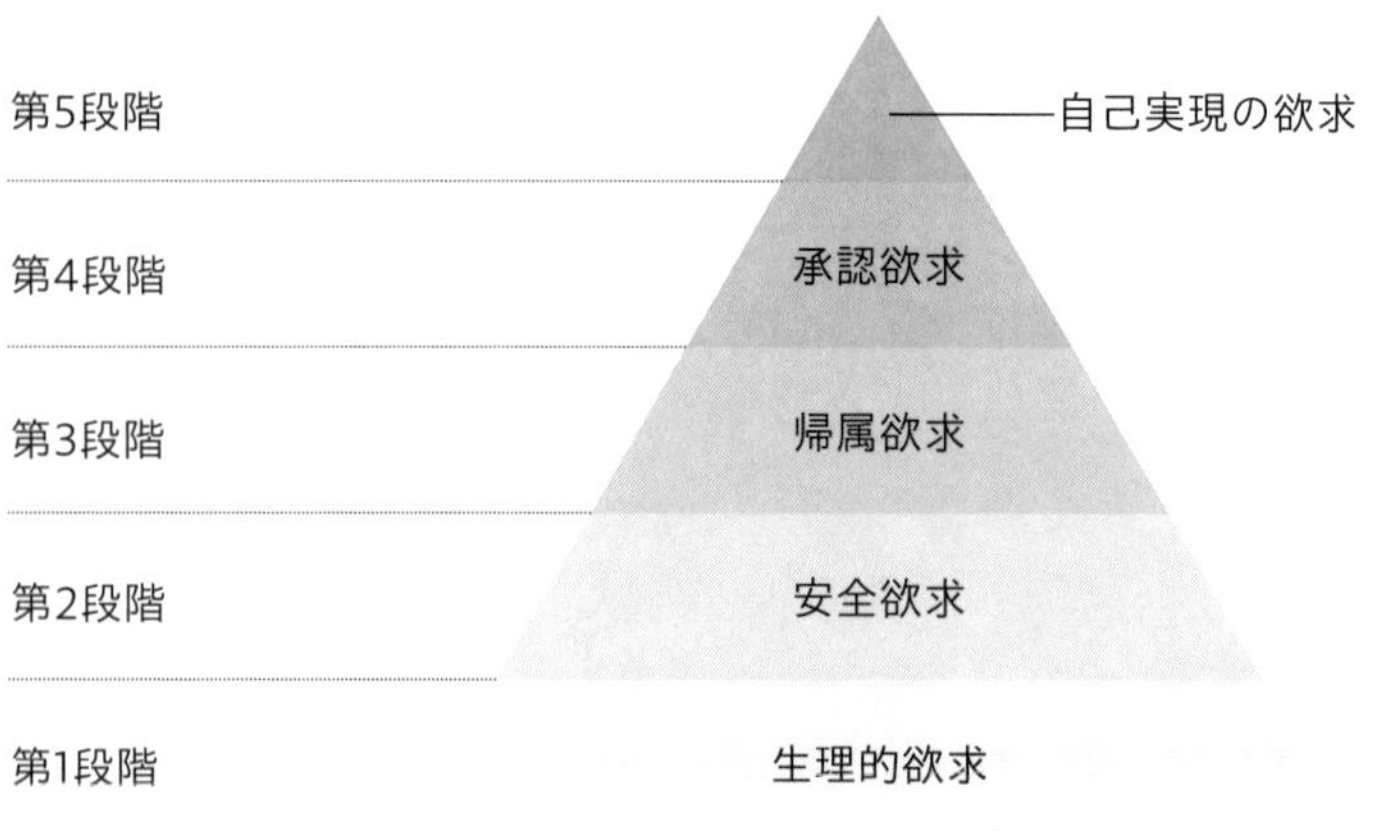

第5段階 自己実現の欲求

第4段階 承認欲求

第3段階 帰属欲求

第2段階 安全欲求

第1段階 生理的欲求

底辺にあたる第1段階の「生理的欲求」とは、**生命を維持するために必要な食事や睡眠などの欲求**のことで、これが満たされないと不快感やいら立ちを覚え、体調を悪くしてしまいます。この欲求が満たされると、次の段階の「安全欲求」を求めるようになります。第2段階の安全欲求は、**生活環境が安全で、安心して生きられる環境を保持する欲求**です。そして、第3段階の欲求が「帰属欲求」です。家族や学校、習いごとといったコミュニティなど、**集団や組織の一員として存在する欲求**のことです。家族とつながりたいという基本的な欲求であり、子どもには特に大切です。家族とともに過ごしたり、一緒に何かをしたりすることで、このつながりを自覚していきます。これを十分に満たすことができないと、孤独や社会的不安を感じやすくなるので、成長期には特に欠かせないのです。

## 第4・第5欲求は禁止ワードと関わりが深い

第4段階の「承認欲求」は、帰属欲求があってこその欲求です。**家庭という場所への帰属意識が高まると、家族に自分の存在を認めてほしいという欲求**が芽生えます。この承認欲求が叶えられないと、心が満たされません。すると家庭内での行動に支障をきたすようになります。

この承認欲求を満たす関わり方が、「褒める」「認める」「感謝する」「労う」です。できたことを褒める、やったことを認めるとともに、手伝ってもらって「助かった」という感謝や、「よくやったね」という労いも効果的です。

頭ごなしの「ダメ」は子どもに相当なストレスを与えることになります。よほど危険なことをしているときには必要かもしれませんが、できなかったことに対する「ダメだね」「なぜ〇〇できないの?」などの否定は承認の反対にあたり、避けなければなりません。「ダメ出し」して責めるのではなく、**「どうしたらできるようになるのか」を一緒に考えて**あげてください。

第5段階の「自己実現の欲求」は、**自分の能力や可能性を最大限に発揮し、あるべき理想の自分に近づきたいという欲求**です。学習などでの目標達成をはじめ、創作、研究、運動、芸術などさまざまな形で自己実現を図ろうと試みるようになります。

この欲求の実現を後押しするのは、挑戦する気持ちです。失敗を恐れると挑戦する気力をそいでしまうことになりかねません。

「無理」という否定を使うのではなく、**非現実的であるという可能性の低さを自分で探らせるような発言**をしたり、**それを勧めない理由とともに本人に即座に決断させる**ことが、本人にとっても保護者にとってもストレスにならない声かけになります。

そのためには、保護者も思考しながら子どもと向き合う必要があります。非常に手間のかかることだと思いますが、それがのちに「子どもの思考」に大きく影響することは容易に想像できるでしょう。そのことを心に留めて接するだけでも、子どもの学習に対する心持ちが変わってくるかもしれません。

受験への意識と

保護者のサポート

# 9

## 保護者ができるサポート③
# 子どもにとって快適な環境を作ってあげる

### 高校受験の大切さを保護者が教える

高校受験に対する意識は人それぞれです。当事者である中学生の意識も、保護者の意識もさまざま。自分自身の人生ですから、当事者が自分で決めて進んでいけばよいことです。

真剣に取り組むもよし。ある程度、いつも通りで取り組んでもよし。なんとかなるさと気楽に取り組んでもよし。考え方は千差万別ですし、もちろん自由です。

しかし一方で、高校受験に挑むのは14～15歳の子どもであり、**高校受験がどんなに大切なことなのか、どれほど今後の人生に影響を及ぼすことなのかを、まだわかっていないことが多い**のも事実です。

だからこそ、受験という人生の節目を真剣に考え、本気で挑み、後悔のないように取り組むことを、ほかでもない、保護者が教えてあげなければならないと私は考えています。

## 子は親の背中を見て育つ

私が保護者と面談や電話でお話をしていると、意外にも、

「家でもガンガン言っていますから」
「遠慮せずに何でも言ってください」
「私が言っても聞かないですからぜひ……」

「先生、もっと厳しくしていただいてかまいません」

など、私からの厳しい指導を望みます。確かに、第三者からの厳しい言葉が、ときに心に沁みることもあります。しかし、忘れないでほしいのは、**『子は親の背中を見て育つ』**ということです。

最後は保護者の言葉、姿勢、働きかけが子どもの人生に大きく影響することは間違いありません。子どもは、みなさんの日頃の姿や仕事への取り組みをしっかり見ていることを忘れないでください。

## 保護者が一緒に勉強する環境

トップ校を目指し、またトップ校に合格できる人の保護者には、一緒に勉強している方が多いということを、面談を通して感じます。かつて、こんな保護者様もいらっしゃいました。子どもが塾の宿題に取り組んでいる間にフランス語や中国語の勉強をしている方、仕事で使うビジネス関連の書物を隣で読みながら見守っている方、夕食の献立を料理本で研究している方などがいらっしゃいました。

子どもが最も信頼している**保護者が一緒に勉強しながら見守ってくれている環境は、子どもにとってプラスに働く**ことは間違いないでしょう。実践してみると、子どもの成績が大きく伸びる1つの要因になり得るかもしれません。

受験への意識と
保護者のサポート

# 10

## 保護者ができるサポート④
# 子どもにやって欲しいことを、自分もやる

### 13歳以降はそっと見守る

教育現場で働いている中で、私が親と子との向き合い方について結論づけていることが1つあります。それは、**保護者が積極的に子どもの先導者になる時期は12歳で終了し、その後は見守ることと最低限の保証しかできない**。つまり、**13歳以降は保護者と子どもは場合によっては対等な立場にならざるを得ない**ということです。

幼少期や小学生のうちはまだ自立心が育っておらず、保護者の見よう見まねでいい

ことをしよう、悪いことをしようと思うものです。なぜなら、小学生のうちは学校と家というコミュニティしかほぼ存在しておらず、保護者の関わり方が子どもの人生に大きく影響する場合が多いからです。

一方で中学生になると、部活動をしたり学習塾に通ったりすることでコミュニティが増え、ライバルや恋人など人間関係も多様に、そして深くなるため、**相対的に家族との関わりが薄くなる**ことがほとんどです。

そして勉強に関しても、ほとんどの科目の難易度が小学校に比べて格段に上がり、教育現場にいない限り、学習の深いところまで理解できている保護者は少なくなります。カリキュラムも約30年前とは大きく変わり、いまの中学生が学ぶ内容は保護者が学んできた内容と異なっている場合もあります。そのため、必然的に子どもに積極的に教えたり、質問に答えたりすることが難しくなり、勉強以外のアドバイスしかできなくなってしまうのです。

それでも中学生はまだ精神的に育ちきっていないことも多く、どうしても困ったときは、保護者に頼るしかありません。そのときには人生の先輩として、保護者のみなさんが子どもにとって世界一強い味方になるのです。

そのときに**どれだけ寄り添えるのか、またどれだけ子どもの話をしっかりフォローできるのか**が、子どもの翌日の体調やメンタルを大きく左右します。そして、その積み重ねが、合格という恩返しとなって返ってきます。

## 「褒める」ではなく「認める」

では、実際に子どもが前向きに学習に取り組んだり、日常生活を彩り豊かにしたりするには、どのように接したらよいのでしょうか？　子どもを前向きにさせるには、**自己肯定感を高める**ことです。自己肯定感とは、「今の自分には生きる価値がある」すなわち「自分ならできる！」という意識です。そのためには、できたことや得意なことを徹底して認めていくとよいでしょう。

ポイントは「褒める」のではなく「認める」ということ。「認める」は「褒める」とほぼ同義に思えますが、「褒めてください」というと、わざとらしく大げさに褒めてしまいかねないので、「褒める」という意識ではなく、「認める」くらいの意識がいいでしょう。つまり、「いいね〜」「よくできるね〜」「すごいね。よく頑張ったよ！」というふうに、**感心した言葉で簡潔に表現する**のです。

すると、子どもはいい気分になって、ますます認められようとして努力します。褒めるとだんだんとマンネリ化していき、褒める度合いを引き上げなくては効果がなくなっていきますが、認めるという行為は単純なだけに飽きが来ず、人をモチベートするには最適な方法なのです。

子どもを子どもとしてではなく、１人の大人として認めて向き合う姿勢こそが中学生が１番欲することであり、大きく羽ばたく１つのきっかけになる場合が多いと感じます。ぜひ実践してみて下さい。

受験への意識と
保護者のサポート

# 11

## 保護者が「後悔していること」①
# 「楽しく勉強させればよかった」

### 子どもの自発的な興味をかきたてるには?

「勉強」とはみなさんにとって、どのようなものですか? とても大切で、人の成長には欠かせないものでしょうか。それとも、生きるために必ずしも必要だとは思いませんか?

人によって勉強の重要度は異なると思いますが、本書を手に取っている人は、前者に当てはまる人が多いと思います。もちろん人生では勉強がすべてではありませんが、勉強力（学びの力）が人生において大きく有利に働くことは、多くの人が実感していることかと思います。

ただ、子どもに中学受験をさせた経験があるご家庭や、小学校の内容をほぼ完璧に仕上げているご家庭では、「どんなことをしても、やらせようとする」保護者が多いように思います。

勉強なんてやりたくないと考える小学生に、勉強をやらせようとした場合、「勉強が終わるまでゲームをやってはいけない」「満点が取れるまで何回でも挑戦をする」といった決まりを子どもに課し、何とかやらせる場合が多いのではないでしょうか。それらの対策がその局面ではとても効果的ですが、**子どもの立場になってみると、勉強をさらに苦痛に感じる**1つの要因になるのも事実です。

そういった保護者のプレッシャーは子どもに大きく影響しますし、大人になってからの学ぶ力にもつながってきます。

学びは本来、受動的にするものではありません。好奇心を抱くことで自然に勉強の意欲が持てると、大きく花開きます。そのため、それを上手に刺激できるかどうかが、今後の学習に活きるといっても過言ではありません。そして実際にそれを望む保護者も多いのです。

## 子どもの「なぜ」に正面から向き合う

では、子どもの好奇心をどのように刺激すればよいのでしょうか？　それは、子どもの「なんで？」という疑問に対して、親が正面から向き合うことです。ところが残念なことに、好奇心が大きく育つキャパシティは、中学生の時点である程度決まってしまっています。

2〜6歳のとき、子どもに「なぜなぜ期」がありませんでしたか？「なんでこれって〜なの？」「なんでこうなっているの？」と、とにかく全部聞こうとする時期です。心理学ではこれを「質問期」と呼びますが、これは子どもに初めておとずれる「思考のきっかけ」になります。思考方法がわからないから聞いているわけです。

実は、**そのときに徹底的に付き合ってあげたかどうかで、子どもの思考の約90%が決まる**と言われています。この時期を疎かにすると思考を停止させる癖ができ、「なんで……。まぁ、いいか」と追究をあきらめてしまうわけです。

とはいえ、思考力は中学生になっても発達しきってはいないはずです。たとえば、勉強中に「なんで宿題をやらなきゃいけないんだろう？」「なんで今これを習うんだろう？」と、モヤモヤしたことがあるはずです。質問期をすぎてしまっていても、保護者からのアプローチで引き出すことは充分可能です。

「なんで？」に立ちかえって考えるよう促し、相談があったときには、その都度しっかりと向き合ってあげてください。

受験への意識と保護者のサポート

# 12

# 保護者が「後悔していること」②
# もっと旅をすればよかった

これは私の実体験です。

先日、母と話しているときに、「子育てに関して何か後悔はある?」と問いかけてみました。いろいろ後悔していることがあるようでしたが、その中でも特に話していたのが、「旅行」についてです。

母:あのときは必死だったし、○○(当時私が通っていた塾)のみんなも、どこにも行っていなかったじゃん。塾のスケジュール優先で動いている子ばかりだったし。

私:そうだね。何かの用事で欠席している人はほとんどいなかったね。

母：そう、塾楽しいって言ってたし。でも、振り返って考えてみれば、もっと親子の時間を作ればよかったなぁと思うし、もう少し旅行に行っていれば、もっといろんな体験ができたのかなぁ、とかね。実行していたら高校に合格できなかったかもしれないけれど（笑）。

確かに私は小・中学生9年間のうち、泊まりがけで出かけたことは数回しかなく、しかもすべて1泊だけでした。

最初の数回は小学生のときに何度か甲府と新潟の親戚の家に遊びに行ったこと。次に、小学生のときに成田のホテルに泊まり、当時母と一緒にやっていたテニスをした記憶があります。中学校1年のときには、当時泳ぐことができず、体育の成績に影響するかもしれないと相談したら、プール付きのホテルに1泊し、室内プールで25mだけは泳げるようにと練習しました（笑）。

特に中学生の頃は部活動と塾を両立させながら生活していたので、旅行に行っている時間などなく、日課をこなすのが精一杯でした。高校に合格はできたものの、母親からすると、もっと2人の時間を楽しめばよかった、とのことです。

確かに、私は母子家庭だったため、母は仕事、私は学校と習いごとの毎日でした。

## 大切なことだけど、優先順位をつける

「家族の時間を大切に」。これは非常に大切なことです。実践できれば、各家族にとってこの上ない幸せでしょう。私も大人になったいま、母と話せることはすごく楽しいですし、人生の先輩として、そして親として非常に尊敬しています。小学生のときに旅行に行けなかった後悔など、子どもの私は微塵も感じません(笑)。

一方で、「学びで学年トップレベルへ」という目標を達成するのにも時間がかかるのも事実で、そんなに簡単なことではありません。勉強で苦労した私からすると、〝家族の時間〟と〝トップレベルの学び〟の両方を両立できる人は相当要領がいいと思いますし、インプット学習効率が桁外れによい人のみにできるスゴ技だと思います。

要は、**トップレベルを目指す中学生はみな、何かを犠牲にしている**ということです。部活動にはフル出席して、自由時間を謳歌し、家族との旅行に毎年出かけ、友だちに遊びに誘われたら断らない。その上で、日本上位2・2%の偏差値70超えのトップレベルの学習を進めるなんて、夢物語にもほどがあります。

ただ、どれも大切なものであることには変わりありません。だからこそ、みなさんも子どもにとっての優先順位を考えてみてはいかがでしょうか?

ちなみに私は、後悔話を聞いてから毎年、母と1泊2日の旅行へ行っています。大人になってから恩返しする。これも非常に大切なことですね……。

受験への意識と

保護者のサポート

# 13

## 保護者が「後悔していること」③

# もっと子育てを「楽しめば」よかった

中学生を持つ保護者のみなさんにとって、きっと大変な日々が続いていると思います。休んでいる暇などなく、仕事や家事、育児に追われ、自分の時間がなかなかとれない方も多いと思います。

ただそれは、**あと10年経ったら「すべてが」なくなります**。「子どものために動く」ことなんて、ほとんどなくなってしまうのです。子どもは、勝手に家を出て仕事に行ったり、親元を離れて実家に帰ってくるのは年に1度になったりします。さらに20年もしたら、1人前になった子どもに助けてもらう時期が来るのです。

どれだけ大きな羽を子どもに授けてあげられるのか。

どれだけの「学力」を授けてあげられるのか。

どれだけ「自分で稼ぐ力」を授けてあげられるのか。

どれだけ「心が優しく、広い」人にしてあげられるのか。

いまはそのための大切な準備期間です。

母が小さい頃、私によく言っていたことがあります。

**親も、友だちも、恋人も、仕事も、お金も、全部なくなってしまう可能性があるけどね、あなたの頭の中にある「知識」だけは、どんなことがあっても決して誰かに奪われたりしない。「唯一、〝永遠に〟自分だけが持てる財産」になるんだよ。**

いまでもよく昔話をしますが、決まって最後に「あのときはまったく思わなかったけど、もっと余裕を持って楽しめばよかったなぁ」なんてつぶやいています。

子どもは、知らないうちに学び、大きくなり、多少の無茶もさらっと乗り越えてしまいます。その成長を心から楽しみながら、限られた子どもとの生活や子育てを、思う存分楽しんでほしいと思います。

# おわりに

ここまで読んでくださった皆さん、本当にありがとうございます。本書では、勉強の入門書というよりも、発展的な学習方法について書かせて頂きました。

**・好きこそものの上手なれ**
**・得意の発現は「セルフ・エスティーム」から**

私の講師として教える上での大鉄則にしているものです。

セルフエスティームとは、自尊感情のことであり、自分自身を価値あるものとして尊重し、他者と比べても有能だと思われている状態にあることです。

好きであればあるほど、のめり込む。苦しいことがあっても、もがき続けられる。何故ならば、やり続けていればいつか「やった!俺天才かも!」となる瞬間が来るからです。ただ、その「好き」「面白い」「楽しい」という感情を自分自身でつくり出すことは難しく、そこを最大限開花させてあげることこそが、塾講師の仕事であると私は思います。

私はこの仕事に対して大きな誇りを持っています。私も何かを教える時、「自分よりも教え方が上手い先生がいるのに…」「自分よりも地頭が良く、生徒の考え方が広がる教え方ができる先生がいるのに…」と思ったことなど、幾度となくあります。

それでもこの仕事が続けられているのは、何よりも生徒が楽しそうな表情で「ラオ先生が教えるこの科目が好きだ！」と言って貰える瞬間があるからこそ、続けられているのです。

セルフエスティームを向上させ、もがき続けてください。頑張り続けてください。それがどんなに遠回りな道だったとしても、必ずその努力は報われます。私は心から勉強を頑張るあなたを尊敬し、勉強を頑張るあなたを応援しています。

2024年7月　ラオ先生

学習塾経営者 兼 教育系YouTuber。慶應義塾大学在学中にYouTubeにて授業動画を投稿し、その後TikTokで「高校受験の勉強法」を確立。大手個別指導塾で最年少教室長を経験した実力で、約半年間で10万人フォロワーを達成、現在は週1回無料で授業LIVEを行い約5000人の前で授業を行っている。2022年、YouTube「学年1位と最下位の勉強法の違い」が再生回数200万回を超え、高校受験講師として人気を博す。横浜市あざみ野駅にて「イーロン個別進学塾」代表をつとめ、宣伝広告費なしで年間過去最高生徒入会数を達成、誰もが「1度は教えてもらいたい塾講師」としてライブ授業では国内LIVEトレンド3位に入る。TikTokAward 2023にノミネートされる。非常に明るいキャラクターで簡潔明瞭な授業を行っており、累計2000万いいね数（2024年6月）を獲得、メディア出演もこなす実力派講師。

著 ラオ先生
（多羅尾 光紀）

# 成績上位1%が実践している勉強法

2024年7月18日　初版第1刷発行

デザイン　福田あやはな
編集協力　石川守延（株式会社カルチャー・プロ）

発行人　永田和泉
発行所　株式会社イースト・プレス
〒101-0051
東京都千代田区神田神保町2-4-7　久月神田ビル
Tel.03-5213-4700 Fax.03-5213-4701
https://www.eastpress.co.jp
印刷所　中央精版印刷株式会社


ISBN 978-4-7816-2335-1